Meine grüne Oase

Gartengestaltung
wunderschön & pflegeleicht

Ursula Kopp

Meine grüne Oase

Gartengestaltung
wunderschön & pflegeleicht

Inhalt

Vorwort

Im 19. Jahrhundert gehörte der private Wintergarten zum unverzichtbaren Bestandteil der großbürgerlichen Villa. Der Wunsch, auf diese Weise zusätzlichen Wohnraum zu schaffen, hatte Vorrang vor dem gärtnerischen Interesse. Der allgemeine Mangel der Nachkriegszeiten und eine neue funktionelle Architektur ließen den Wintergarten von der Wunschliste der Hausbesitzer verschwinden. Erst vor 40 Jahren entdeckte man die zusätzliche Wohnqualität, die ein durchsonnter Garten unter Glas bieten kann, neu. Auch die Möglichkeit, durch Nutzung der Sonneneinstrahlung bzw. Sonnenenergie fossile Energie einzusparen, spielte eine entscheidende Rolle. Aber nicht der Energiespargedanke ist der Grund, warum heute Wintergärten so beliebt sind, sondern wir Menschen sehnen uns danach, ganzjährig inmitten der Natur zu leben, uns der Sonnenwärme, dem Licht und dem Duft der Pflanzen hinzugeben. Wir wollen abschalten, der Hektik unserer Zeit entfliehen, einfach die Seele baumeln lassen. Ein Wintergarten holt zu jeder Jahreszeit die Natur ins Haus. Pflanzenparadies, grüner Salon, beliebter Familientreff, Klimapuffer und Energiespender – so vielfältig lässt sich der Glasanbau nutzen.

Das vorliegende Buch soll Lust auf die ganz persönliche grüne Oase unter Glas machen. Es zeigt auf, welche grundsätzlichen Überlegungen in der Planungsphase für Bepflanzung und Gestaltung zu klären sind, denn im Wintergarten muss für ein angenehmes und ausgeglichenes Klima gesorgt werden, damit sich Menschen und Pflanzen wohlfühlen. Stimmungsvolle Fotos zeigen Pflanz- und Gestaltungsbeispiele für das grüne Wohnzimmer. Grundlegende Anleitungen für Pflanzung und Pflege sollen den Erfolg des Wintergarten-Gärtners sichern. Im Porträtteil werden die schönsten Kübelpflanzen mit ausführlichen Pflegeanleitungen vorgestellt.

Das Klima im Wintergarten

Will der Hobbygärtner seinen Wintergarten ganzjährig als zusätzlichen Wohnraum und als überdachte Gartenidylle nutzen, müssen dort Bedingungen geschaffen werden, die den Aufenthalt für Menschen und Pflanzen gleichermaßen „behaglich" machen: im Sommer eine wirkungsvolle Schattierung und Lüftung, in der kalten Jahreszeit angenehme Wärme.

Überdachter Wohlfühlgarten

Für die grüne Oase unter Glas haben Licht, Luft, Feuchtigkeit und Wärme eine entscheidende Bedeutung. Licht und Wärme müssen im Sommer reduziert werden. Kälte und Lichtmangel im Winter erfordern einen Ausgleich durch Kunstlicht und Heizungswärme. Jeder Glasbau vermittelt Transparenz und eine helle, sonnige Atmosphäre. Häufig wird jedoch die Wärme, die sich durch die Rundumverglasung im Inneren des Baus entwickelt, unterschätzt. Deshalb sollten zumindest Teilbereiche des Wintergartens beschattet werden. Dabei ist darauf zu achten, dass – insbesondere die tropischen Gewächse – eine bestimmte Menge an Licht brauchen, um hier auch im Winter gedeihen zu können.

Wie viel Licht?

Prinzipiell muss man sich fragen, ob es angesichts großer Glasflächen nötig ist, im Wintergarten Pflanzenlampen einzusetzen. Wer bei der Glaseindeckung darauf achtet, dass möglichst viel pflanzenverfügbares Licht eingefangen wird, muss sich nicht sorgen, dass seine Pflanzen unter Lichtmangel leiden. Dennoch können sie sich im Wintergarten gegenseitig beschatten. Dann ist eine Zusatzbeleuchtung nötig. Die Lichtansprüche der einzelnen Pflanzenarten sind aufgrund ihrer heimatlichen Standortverhältnisse sehr unterschiedlich. Es ist jedoch davon auszugehen, dass bei den meisten Pflanzen ein normales Wachstum erst bei Werten ab 2000 Lux

Mein Tipp

Die im Wintergarten erforderliche Beleuchtungsstärke lässt sich mithilfe eines Luxmeters ermitteln, das eine gemessene Lichtmenge von 0 bis 50 000 Lux angibt. Luxmeter sind in verschiedenen Ausführungen im Handel erhältlich.

tierung? Wird der Wintergarten aufgrund seiner Lage intensiv von der Sonne beschienen, empfiehlt sich eine Außenschattierung, die die Wärme erst gar nicht in den Glasbau hineinlässt. Der Wirkungsgrad einer Innenschattierung ist hier deutlich niedriger. Die Sonnenstrahlen durchdringen das Glas und heizen die Luftschicht zwischen Glas und Schattierung stark auf. Die Wärme kann jedoch nicht mehr nach außen entweichen. Was im Sommer ein Nachteil ist, kann im Winter von Vorteil sein. Denn an kühlen Tagen und in kalten Nächten hält die Innenschattierung die Wärme länger im Wintergarten fest.

Zur Innenschattierung eigen sich auch leichte Rollos.

ablaufen kann. Für ausgesprochen lichtbedürftige Gewächse empfiehlt sich im Wintergarten eine Beleuchtungsstärke von 10 000 bis 20 000 Lux, für schattenliebende Pflanzen 5 000 bis 10 000 Lux.

Sonnenschutz ist unerlässlich

Die Lichtfülle und Wärme im Wintergarten lässt sich durch gezielte Schattierung reduzieren. Für die Innenschattierung eignen sich vor allem helle, reflektierende Materialien, die kurzwellige Strahlung teilweise gleich wieder nach außen ablenken. Das können leichte Rollos oder Jalousien sein, die mit schmalen, eng angeordneten Lamellen wahlweise zu einer undurchsichtigen oder lichtdurchlässigen Fläche verstellbar sind oder sich auch ganz hochziehen lassen. Außenschattierungen – ebenfalls in Form von Rollos und Jalousien, die mit wenigen Zentimetern Abstand auf dem Wintergartendach angebracht werden oder Markisen – müssen robust und witterungsbeständig sein, da sie stärkeren Beanspruchungen ausgesetzt sind. Grundsätzlich stellt sich die Frage, welche Schattierung geeigneter ist: Innen- oder Außenschat-

Bäume vor dem Wintergarten mindern die Sonneneinstrahlung.

Für stetigen Luftaustausch sorgen Lüftungsklappen.

Natürliche Schattenspender

Auch natürliche Elemente können die direkte Sonneneinstrahlung mindern. Das können höhere Bäume oder Büsche direkt vor dem Wintergarten oder Kletterpflanzen an Spalieren sein. Letztere lassen sich auch ganz gezielt in die Wintergartenbepflanzung einbeziehen. Die Spaliere oder Kletterhilfen sollten möglichst leicht sein und optisch unauffällig angebracht werden, damit sie sich nicht störend ins Blickfeld drängen. Man sollte aber darauf achten, dass die für die Pflanzen erforderliche Lichtmenge bei einer schattenspendenden Bepflanzung noch gewährleistet ist. Diese darf deshalb nicht zu dicht sein.

Frischluft für Mensch und Pflanzen

Selbst mit Schattierung erwärmt sich bei intensiver Sonneneinstrahlung die Luft im Wintergarten sehr schnell. Es muss also gleichmäßig frische, kühlere Luft zugeführt und erwärmte Luft abgeführt werden, damit für Menschen und Pflanzen ein angenehmes Klima herrscht. Dies lässt sich zum einen relativ rasch, jedoch nur kurzfristig mit dem Öffnen der Wintergartentüren regeln. Zum anderen müssen zusätzliche, steuerbare Lüftungsmöglichkeiten zum Einsatz kommen, vor allem auch dann, wenn die Bewohner abwesend sind. Sie sorgen für einen zwar langsameren, aber stetigen Luftaustausch. Das wird mit in unterschiedlichen Höhen angebrachten Lüftungsklappen erreicht. Außenluft führt man am besten im unteren Bereich zu und im Dachbereich ab. Dazu sollte sich mindestens ein Fünftel der Dachfläche sowie eine vergleichbare Fläche am Fuß der Wände öffnen lassen. Das Luftvolumen sollte im Sommer bis zu 15-mal in der Stunde ausgetauscht werden.

Luftfeuchtigkeit regulieren

Eine regelmäßige Lüftung des Wintergartens ist nötig, um zu vermeiden, dass die Luftfeuchtigkeit zu sehr ansteigt. Je mehr Pflanzen im Wintergarten stehen, je niedriger die Raumlufttemperatur ist, desto höher wird die Luftfeuchtigkeit, die in der Folge im gesamten Wohnbereich ansteigt. Vor allem im Winter ist es wichtig, die Feuchtigkeit im Wintergarten zu regulieren. Ist dieser auf Dauer zu feucht, kann sich Schimmel an den Dichtungsfugen und den Wandkanten einnisten. Man lüftet mehrfach am Tag und dies nicht mehr als zehn Minuten. Diese Zeit reicht aus, um die feuchte Luft im Wintergarten durch trockene Außenluft zu tauschen. Die optimale Luftfeuchte liegt bei ca. 50 Prozent, was sich bei Bedarf mithilfe eines einfachen Luftfeuchtigkeitsmessers jederzeit überprüfen lässt.

Die richtige Heizung

Ein Glasbau reagiert wie kein anderer Bau auf Temperaturschwankungen. Er heizt sich schnell auf und kühlt ebenso schnell wieder ab. Deshalb sollte er zum Wohnbereich hin abschließbar sein. Insbesondere größere Wintergärten, die zu den dahinterliegenden Wohnräumen offen bleiben, werden in der kalten Jahreszeit unweigerlich zur Energieschleuder, selbst dann, wenn sie mit Wärmeschutzglas eingedeckt sind. Lässt sich der Wintergarten jedoch durch Glas-Schiebetüren von dem angrenzenden Wohnbereich dicht abtrennen, fungiert er als Klimapuffer und spart Heizkosten. Jeder Wohn-Wintergarten sollte mit einer entsprechenden Heizung ausgestattet sein, damit die Raumtemperatur in der kalten Jahreszeit nach Bedarf hochgefahren werden kann. Es empfiehlt sich eine Heizung mit Konvektoren. Sie geben die

Hypotauscher Stein

Der Hypotauscher Stein ist ein reines Naturprodukt und besteht überwiegend aus Ton und Lehm. Er ist wasserdampfdurchlässig und arbeitet nach dem Prinzip des geringsten Drucks: Die gespeicherte Feuchtigkeit wird immer dahin abgegeben, wo der Wasserdampfdruck am geringsten, also die Luft am trockensten ist. Auf diese Weise wird für eine angenehme Be- und Entfeuchtung des Wintergartens gesorgt. Aufgrund seiner Materialdichte nimmt der Hypotauscher Stein auch überschüssige Wärmeenergie auf und gibt sie wieder ab. Wegen seiner besonderen Kapillarität ist er ein „wahrer Meister" im Speichern von Wasserdampf aus der durchströmenden Luft.

Wärme schnell ab und halten – bei Anordnung längs des Fundamentsockels – die Innenflächen der Glaswände von Kondenswasser frei. Die Heizung muss den erforderlichen Wärmebedarf decken. Anhand der gewünschten Wärmedaten sollte die Berechnung wie die Installation vom Fachmann vorgenommen werden.

Als natürliche Beschattung im Wintergarten lassen sich auch Kletterpflanzen einsetzen.

Den Wintergarten bepflanzen und pflegen

Der Wintergarten ist vorrangig ein Ort zum Entspannen und geselligem Beisammensein. Vor diesem Hintergrund ist ein relativ geringer Pflegeaufwand bei der Bepflanzung sicherlich wünschenswert. Andererseits kann auch die eingehende Beschäftigung mit Pflanzen gleichermaßen entspannend sein. Insbesondere dann, wenn eine kundige Pflege von Erfolg gekrönt ist und es im Wintergarten üppig grünt und blüht.

Beet- oder Kübelpflanzung?

Die Bepflanzung des Wintergartens lässt sich auf verschiedene Weise durchführen. Eine Möglichkeit ist, Grundbeete mit Erdanschluss anzulegen. Allerdings ist dies kostspielig und sehr aufwendig, zudem bringt ein offener Boden auch einige Nachteile mit sich (Eindringen von Ungeziefer, Mäusen, muffiger Geruch). Eine gute Alternative dazu sind Betonwannen oder Pflanzbecken, die auf dem versiegelten Boden aufgemauert bzw. aufgestellt werden. Die Beckenwände kann man mit dem Bodenbelag des Wintergartens (Ziegel, Holz etc.) verkleiden.

In Beeten lassen sich kleine, natürliche Landschaften gestalten. Eine solche Bepflanzung wird sich ungehindert entwickeln und von Jahr zu Jahr prachtvoller gedeihen. Denn ein großes Pflanzbecken kommt dem Wachstum der Pflanzen sehr zugute, da sie – im Vergleich zur Kübelpflanzung – viel Wurzelraum zur Verfügung haben. Für eine gestaffelte Pflanzung aus Bodendeckern, Klein- und Großsträuchern sowie einzelnen Bäumchen muss das Beet mindestens 1,5 m tief sein. Die Auswahl der Pflanzen muss sehr sorgfältig getroffen werden, da es Arten gibt, die hier ausufern würden und deren üppiges Wachstum nur im Kübel zu kontrollieren ist. Deshalb erfordern Beetpflanzungen eine sehr sorgfältige Planung und strengere Hand beim Rückschnitt und Auslichten, damit sich die Pflanzen nicht gegenseitig bedrängen. Das Gießen ist im Beet einfacher, da nicht jeder Topf einzeln versorgt werden muss. Auch trocknen in den Beeten die Pflanzen nicht so schnell aus wie in den Gefäßen.

Wer in seinem Wintergarten Pflanzbeete anlegen will, muss vor allem genügend Platz einplanen, geeignet ist deshalb nur ein größerer Wintergarten.

Kübelpflanzung

Mobile Pflanzgefäße haben den Vorteil, dass die Bepflanzung und Gestaltung des Wintergartens variabel bleibt. Pflanzen lassen sich problemlos austauschen, neu kombinieren und reizvoll arrangieren. Dies sieht zwar nicht so natürlich wie bei einer Beetpflanzung aus, dafür können die Pflanzgefäße als eigene Gestaltungselemente eingesetzt und sowohl auf die Pflanzen als auch die Einrichtung des Wintergartens abgestimmt werden. Da man Substrat, Bewässerung und

Mein Tipp

Bei festen Pflanzbecken ist eine etwa 10 cm dicke Sickerschicht aus Kies oder einem anderen Dränagematerial empfehlenswert. In jedem Fall ist ein Ablauf nötig, damit überschüssiges Wasser abgeführt werden kann.

Aufgemauerte Pflanzbecken lassen sich mit dem Bodenbelag zum Beispiel mit Klinker verkleiden.

Düngung für jedes Gewächs und Gefäß getrennt bestimmen kann, ist es möglich auf die besonderen Bedürfnisse der verschiedenen Pflanzen gezielt einzugehen. Das erfordert andererseits einen höheren Pflegeaufwand. Wer sich für die Kübelpflanzung entscheidet hat die Wahl zwischen:

Plastik-Gefäßen, die zwar preisgünstig, robust und leicht zu tranportieren sind, in der Regel aber wenig attraktiv aussehen.

Terrakotta- und Ton-Gefäßen, die in vielfältigen Formen erhältlich sind. Sie sind allerdings relativ schwer und bruchgefährdet. Von Vorteil ist die poröse Topfwand, die laufend nach außen Wasser abgibt, sodass es selten Staunässe und faulende Wurzeln gibt. Allerdings muss häufiger gegossen werden.

Holztrögen, bei denen die verwendete Holzart und die Behandlung mit Holzschutzmitteln eine Rolle spielen. Wegen der längeren Lebensdauer sind Harthölzer Weichhölzern vorzuziehen.

Damit überschüssiges Wasser besser ablaufen kann, stellt man die Gefäße auf „Füßchen".

> ### Mein Tipp
>
> *Bei der Größe bzw. dem Gewicht der Tröge sollte in jedem Fall der möglicherweise notwendige Transport bedacht werden. Für die Beweglichkeit im Wintergarten stellt man die Gefäße am besten auf rollbare Untersetzer.*

Die Gefäße startklar machen

Grundsätzlich sollten nur Gefäße mit Abzugsloch verwendet werden, anderenfalls muss die Dränageschicht 2- bis 3-mal höher sein als sonst. Bei Plastikgefäßen lassen sich ohne weiteres Abzugslöcher nachbohren.

Vor dem Einpflanzen müssen die Gefäße gesäubert werden. Bereits benutzte Pflanzgefäße werden gründlich mit heißem Schmierseifenwasser und einer Wurzelbürste gereinigt. Algen und Kalkausblühungen lassen sich gut mit einer Essig/Salzwasser-Lösung, die man kurz einwirken lässt, entfernen. Neue Ton- und Terrakotta-Gefäße werden ein oder zwei Tage in Wasser gelegt, damit sie sich vollsaugen können. Dann entziehen sie später dem Substrat nicht zu viel Feuchtigkeit. Holzgefäße stellt man am besten auf Ziegelsteine oder kleine Holzklötzchen, damit unter dem Gefäßboden die Luft zirkulieren kann und sich keine Fäulnis bildet.

Substrate für Wintergartenpflanzen

Für eine erfolgreiche Pflanzenkultur ist die Erde von entscheidender Bedeutung. Das optimale Substrat soll:

> der Pflanze Halt und Festigkeit geben,
> Wasser speichern und durchlassen können,
> ausreichend Nährstoffe enthalten und bei Bedarf abgeben,
> luftig und locker bleiben,
> ein gutes Puffervermögen gegenüber falschen Wasser- und Düngergaben besitzen.

Bei der Nährstoffaufnahme der Pflanzen spielt der Sauerstoff eine wichtige Rolle. Er fördert im Substrat das rasche Wachstum und die gute Verzweigung der Wurzeln. Ein hoher Anteil an luftgefüllten und strukturstabilen Poren ist somit wesentliche Voraussetzung für ein gesundes Wachstum.

Ohne Wasser sind Wachstum und Nährstoffaufnahme nicht möglich. Deshalb ist ein gutes Wasserhaltevermögen des Substrats ebenso wichtig wie eine entsprechende Luftkapazität. Die Wassersättigung darf jedoch nur insoweit stattfinden, wie noch genügend Luftporen zur Deckung des Sauerstoffbedarfs und für die Wärmespeicherung verbleiben. Überschüssiges Wasser soll abgeleitet, fehlendes durch kapillaren Aufstieg aufgenommen werden können.

Nährstoffe müssen im Substrat so gebunden sein, dass sie einerseits nur begrenzt ausgewaschen werden, andererseits der Pflanze jederzeit zur Verfügung stehen.

Selbst hergestellte Substrate

Pflanzen erweisen sich in der Regel gegenüber dem Substrat toleranter als oft angenommen. Deshalb ist es im Allgemeinen nicht nötig, für jede Pflanzenart eine spezielle Substratmischung zu verwenden. Da Torf aus Naturschutzgründen nicht mehr abgebaut werden soll, ist ein möglichst torffreies Substrat zu verwenden. Viele Pflanzenfreunde schwören auf eigene Substratmischungen:

Kübelpflanzen

> 3 Teile gesiebte lehmig-humose Gartenerde

> 3 Teile reifer gesiebter Kompost

> 3 Teile Rindenhumus

> 3 Teile Sand

Palmen

> 1 Teil reifer Kompost

> 1 Teil Holzfasern oder Hygromull

> 1 Teil Sand

> ½ Teil Kunststoffschnipsel

> ½ Teil Lehm

Fertigsubstrate

Einheitserden werden von den Erdwerken in gleichbleibender Qualität geliefert. Sie unterliegen einer ständigen Kontrolle hinsichtlich Salzgehalt und pH-Wert. In der Regel enthalten sie: 40 Prozent Ton sowie 60 Prozent Rindenmulch und sind auf einen schwachsauren pH-Bereich (5,6–6,5) eingestellt. In den genannten Substraten zersetzen sich trotz ihres Anteils an stabilisierenden Mineralstoffen nach einiger Zeit die organischen Bestandteile. Das Volumen schwindet, die Erde sackt ein. Man kann deshalb auch ausschließlich gebrochenen Blähton oder gebrannte Tongranulate (zum Beispiel Seramis) einsetzen. Der Vorteil dieser Substrate ist, dass sie über viele Jahre ihre Struktur beibehalten und nicht zusammensacken. Sie lassen sich jedoch nur in wasserspeichernden Gefäßen verwenden.

Wann wird umgetopft?

Zu den laufenden Pflegemaßnahmen bei Kübelpflanzen gehört das Umtopfen. Der beste Zeitpunkt hierfür ist das Frühjahr, wenn das Wachstum wieder voll einsetzt. Dann erholen sich die Pflanzen auch am schnellsten von einem möglicherweise nötigen Wurzelrückschnitt. Allerdings muss nicht in jedem Frühjahr umgetopft werden. Nur Jungpflanzen, die sich noch in der Entwicklung befinden, brauchen jedes Jahr ein neues, größeres Gefäß, bis sie ihre endgültige Größe erreicht haben. Auch Pflanzen, bei denen der Kübel zu klein geworden ist, benötigen ein neues Pflanzgefäß. Die meisten älteren Pflanzen aber vertragen es nicht, jedes Jahr in neue Erde gesetzt zu werden. Viele reagieren darauf mit schlechter Blüte oder blühen gar nicht.

> Jährlich umgetopft werden müssen nährstoffhungrige Pflanzen, die stark zurückgeschnitten wurden und wieder rasch zur vollen Größe heranwachsen sollen.

> Alle 2–3 Jahre topft man zum Beispiel Citrus-Pflanzen um.

> Alle 4–5 Jahre werden Pflanzen umgetopft, die einen geringfügigen Wurzelschnitt gut vertragen zum Beispiel Erdbeerbaum, Feige, Olive und Oleander.

> Alle 10 Jahre werden Palmen umgetopft, wenn deren Wurzeln keinen Platz mehr im Kübel haben.

Am Gießen erkennt man den Gärtner

Keine andere Pflegemaßnahme ist für das Gedeihen der Pflanzen im Wintergarten so entscheidend wie die richtige Wasserversorgung. Zu den häufigsten Pflegefehlern gehört falsches Gießen. Die meisten Kübelpflanzen verdursten nicht, sondern werden zu Tode gegossen. Auch auf die Qualität des Gießwassers wird häufig nicht geachtet.

Hartes oder weiches Wasser

Da die Wintergartenpflanzen sehr lange in derselben Erde stehen, spielt die Qualität des Gießwassers eine große Rolle. Leitungswasser eignet sich nicht vorbehaltlos. Entscheidend ist, dass das Wasser nicht zu hart und damit zu kalkhaltig ist. Denn kaum eine Pflanze verträgt über einen längeren Zeitraum zu hartes Wasser.

Die Härte des Wassers hängt von seinem Gehalt an Kalzium- und Magnesiumsalzen ab. Als Maßeinheit gilt 1 Grad deutscher Härte (°dH). Die Härte des Leitungswassers kann regional erheblich schwanken, sie lässt sich am zuständigen Wasseramt erfragen.

Bis zu 4 °dH spricht man von sehr weichem Wasser. Weiches Wasser mit 4–8 °dH eignet sich optimal zum Gießen. Mit 8–10 °dH kommen viele Pflanzen noch gut zurecht, wenn das Wasser über Nacht steht und sich der Kalk absetzt. Wasser mit 10–12 °dH kocht man ab und lässt es abkühlen. Hartes Wasser mit 12–19 °dH muss unbedingt enthärtet werden. Im Fachhandel gibt es hierzu Enthärtungsmittel.

Mein Tipp

Mit einem alten Gärtnertrick lässt sich die Wasserhärte ungefähr feststellen. Man besprüht hartlaubige Pflanzen mit Leitungswasser. Zeichnen sich auf den Blättern Kalkringe ab, ist das Wasser mittelhart. Haben die Blätter einen weißlichen Überzug, muss das Wasser unbedingt enthärtet werden.

Bei einigen Pflanzen erfolgt die Bewässerung am besten mit der Gießkanne.

Richtig gießen

Wie man Pflanzen richtig wässert, lernt man vor allem durch Erfahrung. Grundsätzlich muss die Wasserversorgung den Bedürfnissen der jeweiligen Pflanzen angepasst werden. Der Wasserbedarf hängt auch vom Standort der Pflanze ab. Steht sie hell und warm, braucht sie mehr Wasser als an einem kühlen, schattigen Platz. Auch mit der Witterung schwankt der Wasserbedarf. Bei kühlem, regnerischem Wetter muss auch im Wintergarten weniger gegossen werden als bei sonnigem Wetter. Selbst das Erdvolumen im Pflanzgefäß spielt eine Rolle. Eine Pflanze in einem hohen Topf braucht weniger oft Wasser als eine Pflanze in einem flachen Gefäß mit weniger Erde.

Hält man die folgenden Regeln ein, ist eine optimale Bewässerung der Wintergartenpflanzen garantiert:

> Pflanzen täglich kontrollieren.
> Erde nie völlig austrocknen lassen.
> Nicht mit kaltem Wasser gießen, es sollte die Raumtemperatur des Wintergartens haben.
> Kein hartes Wasser verwenden.
> Bei sonnigem Wetter nicht die Blätter besprühen, da es sonst zu Verbrennungen kommen kann.
> Während der Wachstumsphase und zur Blütezeit (Frühjahr/Sommer) regelmäßig und durchdringend gießen. In der Ruhezeit (Herbst/Winter) Wassermenge nach und nach reduzieren, später nur noch so viel gießen, dass der Wurzelballen nicht austrocknet.

Tröpfchen-Bewässerung

Sie ist für den Hobbygärtner am besten geeignet. Bei diesem über eine Zeitschaltuhr oder einen Mini-Computer gesteuerten System wird Wasser durch Schläuche mit immer kleiner werdendem Durchmesser geleitet und dabei so dosiert, dass es aus den letzten Schläuchen nur noch tröpfchenweise austritt. Es gibt verschiedene Fabrikate (hier lässt man sich im Fachhandel beraten), wobei das Grundprinzip bei allen gleich ist: Aus einem Verteilerrohr, das zwischen den Pflanzen verlegt wird, führen mehrere Tropfschläuche zu den einzelnen Pflanzgefäßen. Jeder Topf hat seinen eigenen Wasseranschluss. Bei längeren Strecken sind Druckstabilisatoren nötig, die gewährleisten, dass auch beim letzten Tropfschlauch das Wasser mit gleichem Druck ankommt. Je durstiger eine Pflanze ist, desto mehr Tropfschläuche bekommt sie. So kann man dem individuellen Bedarf einer Pflanze nachkommen. Von Hand gießt man dann nur noch besonders durstige Exemplare.

Mein Tipp

Bei einer vollautomatischen Regelung der Wasserversorgung sind verschiedene Steuerungssysteme möglich. Da jedoch die Ansprüche der einzelnen Pflanzenarten im Wintergarten recht unterschiedlich sind, sollten vollautomatische Bewässerungssysteme nicht über einen längeren Zeitraum benutzt werden. Ein Teil der Pflanzen würde sonst falsch gegossen.

Wintergartenpflanzen düngen

Für Pflanzen, die in Kübeln mit begrenztem Erdreich kultiviert werden, ist die Versorgung mit Nährstoffen von entscheidender Bedeutung. Die im Substrat enthaltenen Nährstoffe sind schnell aufgebraucht und müssen durch regelmäßige Düngergaben nachgeliefert werden. Zum Wachsen und Blühen brauchen Pflanzen eine Reihe von Nährstoffen, die sie mit ihren Wurzeln der Erde entnehmen. Zu den wichtigsten zählen Stickstoff, Phosphor, Kalium. Außerdem werden Spurenelemente wie Eisen, Zink, Mangan, Magnesium, Bor, Kupfer und Molybdän – allerdings nur in geringen Mengen – benötigt.

Kübelpflanzen lassen sich auf unterschiedliche Weise mit den nötigen Nährstoffen versorgen. Eine Langzeit- bzw. Vorratsdüngung mit einer gleichmäßigen Nährstoffzufuhr über 4 bis 5 Monate bekommt den Pflanzen sehr gut. Das Düngergranulat wird entweder beim Einpflanzen dem Substrat beigemischt oder leicht in den Topfballen eingearbeitet. Düngekegel oder -stäbchen drückt man leicht am Rand des Ballens ein. Die häufigste und einfachste Düngemethode ist die Kopfdüngung, wobei der Dünger mit dem Gießwasser ausgebracht wird. Bei der Blattdüngung sprüht man die Düngerlösung mit einem Sprüh-

Bei der Langzeitdüngung wird das Düngegranulat locker in das Substrat eingearbeitet.

gerät direkt auf die Blätter der Pflanzen. Sie dient der Blattstärkung in den ersten Wochen nach dem Austrieb, da der Pflanze die Nährstoffe schnell zur Verfügung stehen. Die wichtigsten Regeln und Tipps für eine ausgewogene Düngung sind:

> Nie bei trockenem Erdballen düngen, zuvor gießen.
> Die Düngerlösung zur gleichmäßigen Verteilung rund um den Ballen ausbringen.
> Frisch in aufgedüngtes Fertigsubstrat getopfte Pflanzen erst nach zwei Wochen düngen.
> Bei Langzeitdüngung Substrat gleichmäßig feucht halten, damit die Nährstoffe herausgelöst werden.
> Düngung spätestens Ende August einstellen, im Winter nicht düngen.
> Besser einmal zu wenig als einmal zu viel düngen.

Mein Tipp

Erste Hilfe bei Überdüngung: Pflanze austopfen, Ballen vorsichtig auflockern, abgestorbene Wurzelteile abschneiden. Pflanze in frische Aussaaterde setzen und mäßig gießen. An einen halbschattigen Platz stellen. Warten bis sich neue Wurzeln gebildet haben, dann umtopfen.

Mitte März, wenn das Wachstum der Pflanze wieder angeregt wird, beginnt man mit einer stickstoffbetonten Konzentration. Ab Anfang Mai wird mit einer normalen Konzentration gedüngt oder ein Langzeitdünger eingearbeitet. Im Sommer versorgt man zur besseren Blütenbildung die Pflanze mit einem phosphorbetonten Dünger.

Eine ausgewogene Nährstoffversorgung sorgt für eine reiche Blüte.

Wintergartenpflanzen schneiden

Da der Platz im Wintergarten beschränkt ist, müssen hier Gehölze häufiger als im Garten beschnitten werden. Kübelpflanzen, die nicht regelmäßig geschnitten werden, werden zu groß, wachsen sparrig und verkahlen. Einige Arten blühen sogar schlechter.

Die wichtigsten Pflegeschnitte

Ein Rückschnitt ist vor allem bei Pflanzen wichtig, die zu einem sparrigen Wuchs neigen. Man entfernt vertrocknetes und abgestorbenes Holz und kürzt zu lange Triebe ein. Das regt den Neuaustrieb an und fördert einen kompakten Wuchs. Der Auslichtungsschnitt muss nahezu bei allen laubabwerfenden Gehölzen vorgenommen werden. Dabei schneidet man nach innen wachsende Äste heraus. Dadurch gelangen mehr Licht und Luft in das Astgerüst und die Pflanze verkahlt nicht mehr von der Mitte aus.

Hochstämmchen ziehen

Eine Pflanze zum Hochstämmchen zu erziehen ist nicht schwierig. Bei einer Jungpflanze wird der Haupttrieb mit einem Pflanzstab abgestützt und senkrecht nach oben geleitet. Alle vorhandenen und sich bildenden Seitentriebe entfernt man. Hat der Leittrieb die gewünschte Höhe erreicht, werden die jungen, noch weichen Triebe entspitzt. Damit löst man das Wachstum der Seitentriebe innerhalb des Kronenbereichs aus. Durch wiederholtes Zurückschneiden dieser Seitentriebe entwickelt sich eine buschige und gut verzweigte Krone.

Wann und wie schneiden?

Je nach Art und Zweck des Schnitts ist der Zeitpunkt unterschiedlich. Grundsätzlich gilt: Alle blühenden Immergrünen werden unmittelbar nach der Blüte zurückgeschnitten. Bei laubabwerfenden Gehölzen unterscheidet man zwischen Frühjahrs-, Sommer- und Herbstblühern. Frühjahrsblüher schneidet man gleich nach der Blüte zurück, später nur noch in Form. Bei Sommer- und Herbstblühern erfolgt der Rückschnitt im späten Herbst oder zeitigen Frühjahr. Beim Schnitt geht man folgendermaßen vor:

> Immer oberhalb eines nach außen gerichteten Blattansatzes schneiden, so wachsen die neuen Triebe nach außen.
> Einen glatten Schnitt machen, damit die Schnittränder nicht ausreißen.
> Schnittstelle mit Wundverschlussmittel (im Gartenfachhandel erhältlich) bestreichen, damit sich kein Krankheitsherd entwickeln kann.

Arbeitskalender

Frühjahr

März

+ Kronen korrigieren, die Triebspitzen von aus der Form geratenen Pflanzen stutzen. Überalterte Pflanzen verjüngen, indem man jedes Frühjahr einige der ältesten Triebe herausnimmt.

+ Die Pflanzen verstärkt auf Schädlingsbefall untersuchen.

+ Wasserzufuhr wieder langsam erhöhen, aber weiterhin dosiert gießen.

April

+ Die Triebe von Kletterpflanzen in die gewünschte Richtung an die Rankhilfen heranleiten und fixieren.

+ Bereits jetzt Verblühtes ausputzen, verwelkte und abgeblühte Pflanzenteile entfernen.

+ Das Wasser in kleinen Teichen oder Becken von Pflanzenresten und Algen reinigen.

Mai

+ Jetzt ist im Wintergarten auch Zeit zur Muße und zum Genießen.

+ Wer Exoten selbst aussäen will, muss für eine konstante Bodentemperatur (mindestens 20 °C) und viel Licht sorgen. Ohne technisches Zubehör (Heizmatten und Pflanzenleuchten) ist dies erst im Mai möglich.

+ Zwischen sonnigen und trüben Tagen können die Temperaturschwankungen erheblich sein. Durch gezieltes Lüften und Beschatten für gleichbleibende Temperaturen sorgen.

Sommer

Juni/Juli

+ Reichlich und regelmäßig mit temperiertem Wasser gießen; bevorzugt frühmorgens und spät abends, wenn die Wurzeln abgekühlt sind.

+ Breiten sich starkwüchsige Pflanzen zu sehr aus, zur Auslichtung einen Sommerschnitt durchführen.

+ Pflanzen, deren Blattspitzen die Scheiben des Wintergartens berühren, abrücken, da diese sich stark erhitzen und Verbrennungen zur Folge haben.

August

+ Für die Urlaubszeit vorsorgen und überprüfen, ob automatische Bewässerung, Lüftung und Schattierung funktionieren.

+ Ab Ende des Monats wird in winterkühlen Wintergärten nicht mehr gedüngt, damit die Triebe ausreifen und auf den Winter vorbereitet sind.

Herbst

September/Oktober

+ Pflanzen, die aus der Form geraten sind, jetzt nicht mehr beschneiden, sondern bis zum Spätwinter warten.

+ Wasserzufuhr reduzieren, damit sich kühl überwinternde Pflanzen auf ihre Ruhephase vorbereiten können.

November

+ Viele sommergrüne Pflanzen verlieren allmählich ihr Laub. Es muss eingesammelt und entfernt werden, bevor es fault, damit sich keine Krankheiten entwickeln.

+ Jetzt kann es bereits frostig werden, deshalb Heizungssysteme überprüfen.

+ Pflanzen nochmals genau auf Schädlingsbefall kontrollieren und bei Bedarf bekämpfen.

Winter

Dezember/Januar

+ Gießmenge auf ein Minimum reduzieren. Je kühler die Pflanzen stehen, umso weniger Wasser brauchen sie. Staunässe unbedingt vermeiden!

+ Die Pflanzen brauchen jetzt jeden Lichtstrahl. Darauf achten, dass sich durch Vorhänge oder Rollos kein Lichtverlust ergibt.

+ Neue Pflanzen rechtzeitig bestellen.

Februar

+ Die Versorgung der Pflanzen mit organischen oder mineralischen Langzeitdüngern sollte jetzt beginnen, da diese erst nach einigen Wochen zu wirken beginnen.

+ Gut durchwurzelte Pflanzen in hochwertiges Substrat umtopfen. Das neue Pflanzgefäß sollte im Durchmesser 4–6 cm größer sein.

+ Bevor die Pflanzen frisch durchtreiben, mit dem Rückschnitt beginnen.

Den Wintergarten gestalten

Ziel der Bepflanzung und Gestaltung des Wintergartens muss sein, eine Einheit zwischen Architektur und Mensch und Pflanzen herzustellen. Standort und Wirkung der ausgewählten Pflanzen, Pflanzgefäße, Bodenstruktur sowie die Einrichtung bilden die Eckpfeiler des Gestaltungskonzepts. Es soll ein harmonischer und anregender Lebensraum geschaffen werden, in dem sich Menschen wie Pflanzen wohlfühlen.

Wohnen im grünen Salon

Für ein langfristiges Gedeihen der Pflanzengesellschaft im Wintergarten müssen Wachstum und Ansprüche der einzelnen Pflanzen berücksichtigt und aufeinander abgestimmt werden. Hier kann man der Natur einige Gesetzmäßigkeiten abschauen. So wird häufig gegen das Gesetz der Beschränkung verstoßen. Ein immer dichter werdender Palmenwald im Wintergarten ist nicht zwangsläufig auch schön. Pflanzen brauchen vor allem auch Platz, um sich entwickeln und in ihrem charakteristischen Erscheinungsbild zeigen zu können. Deshalb sollte auch aus gestalterischen Gründen in der Bepflanzung auf Übersichtlichkeit geachtet werden. In einem stimmig arrangierten Refugium kann man die Seele baumeln lassen.

Verschiedene Ebenen schaffen

Lässt man den Blick über eine Landschaft mit vielen unterschiedlichen Pflanzen schweifen, ist meist deutlich eine Gliederung in „Stockwerke" zu erkennen: Man unterscheidet Baum- oder Kronenschicht, Strauch- und Krautschicht. Diese natürliche „Raumordnung" lässt sich auch gut im Wintergarten umsetzen, dann wird seine Bepflanzung überschaubar und attraktiv. So dominieren zum Beispiel zwei Solitärpflanzen mit baumartigem Wuchs. Die nächste Ebene bilden halbhohe, strauchartige Gewächse. Sie stellen in der Regel den Hauptanteil der Pflanzen im Wintergarten. Den unteren Bereich können niedrige Sträucher (bis 1 m hoch) besetzen.

Den Raum gliedern und erweitern

Die beherrschenden Pflanzen sollten nach Möglichkeit nicht in der Mitte stehen. Als Leitpflanzen eignen sich Arten mit aufrechtem Wuchs besser als solche mit ausladenden Ästen. Ihre Wirkung wird noch verstärkt, wenn die Blätter hell und nicht dunkel sind. Die miteinander kombinierten Pflanzen müssen in Form und Farbe harmonieren. Dabei sind Gegensätze durchaus erwünscht. Eine Palme allein wirkt recht unproportioniert. In Verbindung mit rund- und breitblättrigen Pflanzen im unteren Bereich ergibt sich ein attraktives Arrangement.

Mit einigen einfachen Gestaltungsmaßnahmen lässt sich dem meist begrenzten Raum des Wintergartens mehr Weite verschaffen. Der Glasanbau erfährt eine optische Erweiterung, wenn er in seine Umgebung (Haus und Garten) bewusst eingebunden wird, also einen fließenden Übergang von drinnen nach draußen bildet – zum Beispiel mit gleichen Bodenbelägen drinnen und/ oder draußen. Helle und leuchtende Farben bei Stoffen und Möbeln lassen den Raum ebenfalls größer erscheinen. Auch sollte man möglichst darauf achten, dass der Blick aus dem Wintergarten in die „Ferne schweifen" kann und nicht durch Pflanzen verstellt ist.

Die Bepflanzung setzt sich im oberen Stockwerk des Wintergartens fort.

Pflanzen nach Klimaansprüchen auswählen

Der Mensch hält sich im Vergleich zu den Pflanzen nur eine begrenzte Zeit im Wintergarten auf. Behagen ihm dort die Temperaturen nicht, kann er den Raum verlassen. Das ist den Pflanzen nicht möglich. Sie müssen sowohl mit Wärme als auch mit Kälte zurechtkommen. Deshalb ist es wichtig, vor der Auswahl der Pflanzen die Nutzung und damit das vorherrschende Klima des Wintergartens festzulegen. Wird er ganzjährig als vollwertiger Wohnraum genutzt und zeitweise sogar beheizt oder handelt es sich um einen frostfreien (winterkühlen) Glasbau, der sich nur im Sommer bzw. bei milden Außentemperaturen zum längeren Aufenthalt eignet?

Pflanzen für den Wohn-Wintergarten stammen meist aus den Tropen und sind ganzjährig grün. Im winterkühlen Wintergarten lassen sich immergrüne und sommergrüne Arten einsetzen, die aus Gebieten mit ausgeprägtem Jahreszeitenrhythmus (zum Beispiel Mittelmeerraum, Australien, Südafrika) stammen. Laubabwerfende Pflanzen eignen sich für Wintergärten, die im Sommer Schatten und Kühlung brauchen, im Winter aber das volle Sonnenlicht nutzen sollen.

Blatt- oder Blütenpflanzen

Ob Baum oder Strauch – jede Grünpflanze sollte ein attraktives Blattwerk haben. Manche Arten zeichnen sich durch besonders dekorative Blattmuster, -farben und -formen aus. Die Blätter können ungewöhnlich farbig sein, von vielen Grünpflanzen gibt es auch buntblättrige Kulturformen. Andere haben Blätter mit geradezu riesenhaften Ausmaßen, eignen sich dann aber nur für größere Wintergärten.

Wie attraktiv das Blattwerk einer Grünpflanze auch sein mag, die Wirkung leuchtender Blüten oder hübscher Früchte erreicht es nicht. Einige ausgesuchte blühende oder fruchtende Exemplare stellen deshalb die Highlights eines jeden Wintergartens dar.

Palmen – immer ein Blickfang

Palmen gelten von allen tropischen Pflanzen als Inbegriff der Eleganz. In die Foyers von Grandhotels oder imposanten Bürogebäuden scheinen sie fast besser zu passen als in ihre tropische Heimat. Aber auch in einem großzügigen Wintergarten machen sie stets eine „gute Figur". Palmen besitzen eine strenge Schönheit, die besonders das architektonische Empfinden anspricht. Viele Pflanzen sind nicht mehr so schön, wenn sie ihre unteren Blätter verlieren. Die palmenartigen Gewächse sehen hingegen auch dann attraktiv aus, wenn nur noch ein Blätterquirl am oberen Ende steht und der gemusterte Stamm sichtbar wird.

Dieser behagliche Ruheplatz wird von Kletterpflanzen eingerahmt.

Sinnliches Erlebnis – Duftpflanzen

Wenn sich zu üppigem Blattwerk und leuchtenden Blüten ein zarter Duft gesellt, wird das naturnahe Erlebnis im Wintergarten vervollkommnet. Viele duftende Pflanzen verströmen erst abends den Duft ihrer Blüten, diese sind meist unscheinbar. Wer Duftpflanzen in seinem Wintergarten einplant, sollte sich allerdings für wenige Pflanzen entscheiden und dabei auf unterschiedliche Blütezeiten achten. Zu viele verschiedene Düfte gleichzeitig können schnell unangenehm wirken und auch Kopfschmerzen hervorrufen. Für ein Dufterlebnis als „Highlight" reicht meist auch eine Pflanze aus. Der Duft von Blättern entwickelt sich erst beim Berühren oder Zerreiben zum Beispiel bei Citrus-Arten. Bei Gewächsen wie Rosmarin, Lavendel oder Cistus-Arten werden die ätherischen Öle nur bei intensiver Sonnenbestrahlung freigesetzt.

Kletterpflanzen – vielseitig einsetzbar

Ihre Verwendung im Wintergarten ist von exotischem Reiz, denn viele tropischen Schling- und Kletterpflanzen wie zum Beispiel die Pandorea bilden nicht nur ein reiches Blattwerk aus, sondern tragen auch unermüdlich Blüten. Kletterpflanzen können im Wintergarten verschiedenen Zwecken dienen. Sie lassen sich als Sichtschutz einsetzen, um verschiedene Bereiche im Wintergarten nach außen hin oder innerhalb abzuschirmen. Auch als Raumteiler eignen sie sich. Bauliche Unebenheiten, unschöne Kanten u.ä. kann man mit ihrem lebendigen Grün wunderbar kaschieren. Vor allem aber sind Kletterpflanzen preisgünstige Schattenspender.

Bodendecker – dekorative Ergänzung

Im Freiland sollen Bodendecker laufendes Unkrautjäten und die Lockerung des Bodens ersetzen. Im Wintergarten dienen sie in erster Linie dekorativen Zwecken und ergänzen insbesondere Beet- bzw. Beckenpflanzungen. Es kommen Pflanzen mit mehr oder weniger kriechendem Wuchs oder dicht aufrecht stehenden Trieben, die sich durch (Wurzel-) Ausläufer ausbreiten, infrage. Bei der Auswahl ist neben den Kulturansprüchen die Größe der zu bepflanzenden Fläche zu beachten. Danach richtet sich die Höhe einer grünen Bodendeckung, ebenso wie nach der Höhe der zu unterpflanzenden Gewächse. Bodendecker eignen sich besonders bei unten auskahlenden Solitärpflanzen im Kübel.

Rustikale Terrakotta-Töpfe sind ein Muss im mediterranen Wintergarten..

Gefäße unterstreichen den Charakter der Pflanzen

Als verbindendes Element zwischen den Pflanzen und dem weiteren Interieur des Wintergartens kommt den Pflanzgefäßen eine hohe ästhetische Bedeutung zu. In erster Linie Behälter für das Substrat sind sie doch ein ganz entscheidendes Gestaltungselement. Ihre Wirkung ist der in ihnen befindlichen Pflanzen gleichzusetzen. Die Gefäße sollten deshalb sorgfältig und nach gestalterischen Gesichtspunkten ausgewählt und kombiniert werden. Größe, Material, Oberflächenstruktur, Form und Farbe tragen zur Raumwirkung der Pflanzen bei. Vor allem müssen Gefäß und Pflanze miteinander im Einklang stehen. So kommen zum Beispiel mediterrane Pflanzen wie Oleander und Myrte in rustikalen Terrakottagefäßen am besten zur Geltung. Zu edlen Pflanzen wie Gardenie oder feingliedrigen Fiederpalmen passen hingegen eher schlichte reinweiße Keramiktöpfe oder Gefäße aus Metall. Harmonieren die Gefäße mit der Einrichtung des Wintergartens, so vervollkommnen sie die Pflanzen und werden zu einem Teil des Ganzen.

In Form geschnittener Buchs macht sich gut in edlen, weißen Keramikgefäßen.

Das gewisse Etwas für den Wintergarten

Ein Wintergarten ist für sich genommen bereits ein Schmuckstück. Mit seinen klaren Linien und den großen Glasfronten hat er etwas ganz Besonderes. Er fängt das Sonnenlicht ein und ermöglicht den Bewohnern das Gefühl, selbst bei schlechtem Wetter die Natur genießen zu können. Dennoch kann man ihn mit einigen Accessoires noch attraktiver und wohnlicher gestalten oder in einem bestimmten Stil einrichten. Wenn die Accessoires bzw. die Dekoration stimmig sind, wird der Aufenthalt in der grünen Oase unter Glas zum Genuss.

Manchmal sind es gerade die vermeintlich kleinen Dinge, die große Wirkung erzielen. Das können eine außergewöhnliche Vase oder Amphore, ein besonderes Bild, eine kleine Skulptur u.ä. sein. Mit Kerzen und Windlichtern lassen sich besondere Akzente setzen. Die Magie des Feuers zieht Menschen in ihren Bann und Kerzenlicht steht geradezu sinnbildlich für Behaglichkeit und Romantik.

Wasserbecken, Miniteiche, Zimmerbrunnen und Wasserspiele beleben jeden Wintergarten und sollten insbesondere in einem fernöstlich gestal-

teten Ambiente nicht fehlen. Man platziert sie am besten in der Nähe eines Sitz- oder Ruheplatzes, um die entspannende Wirkung von plätscherndem Wasser auch richtig genießen zu können. Zudem erzeugt bewegtes Wasser eine angenehme Luftfeuchtigkeit.

Das passende Mobiliar

Möbel sind auch im Wintergarten ein wichtiges Gestaltungselement und sollten im Stil zum Haus bzw. zur Wohnung, vor allem aber zur Bepflanzung passen. Darüber hinaus müssen sie in Form und Größe im richtigen Verhältnis zum zur Verfügung stehenden Raum gewählt werden. Deshalb sollten Tische, Stühle und andere Sitzmöbel sorgfältig ausgesucht und auch vor dem Kauf ausprobiert werden. Wichtig ist, auf das Material zu achten, da an Möbel im Wintergarten andere Anforderungen als in den übrigen Wohnräumen

gestellt werden. Die Bezugsstoffe sollten lichtbeständig sein, sonst bleichen sie aus. In allen Wintergärten ist man in der Regel mit Gartenmöbeln besser beraten als mit Indoor-Modellen, deren Material und Verarbeitung nicht auf Licht-Temperatur- und Feuchtigkeitsextreme ausgerichtet sind.

Mein Tipp

Holzmöbel sind unter Glas zwar geschützt. Da die Sonne sie jedoch ausbleicht und austrocknet, sollte man sie regelmäßig mit Holzpflegemitteln behandeln.

Mediterrane Träume

Mit einem Arrangement aus verschiedenen mediterranen Pflanzen lässt sich ein Hauch von Mittelmeer und ein Stückchen Urlaub in den Wintergarten holen. Dabei müssen es keine großen Gewächse sein, bereits kleinere Solisten sorgen für südlichen Charme. Die Auswahl an Mittelmeerpflanzen ist groß, sodass sich für jeden Pflanzenliebhaber Arten nach seinem Geschmack finden lassen. Die einen lieben es farbenfroh, andere wiederum setzen auf schlichte Eleganz. Zu bedenken ist, dass südländische Gärten niemals überladen wirken. Jede Pflanze, ob mit Blüten oder Blattschmuck, erzielt ihre eigene Wirkung. Für die meisten Pflanzen aus dem Mittelmeerraum ist der winterkühle Wintergarten der ideale Standort. Hier haben sie es vom Frühjahr bis zum Herbst sonnig und warm. Im Winter, wenn die Pflanzen eine Ruhezeit einlegen, zum Teil sogar ihre Blätter abwerfen und zurückgeschnitten werden müssen, ist es hier hell und luftig, aber nicht warm – das ideale Klima für eine kurze Wachstumspause.

Ein Wintergarten mit mediterranen Pflanzen holt ein Stück Urlaub ins Haus.

Palmen müssen sein

Palmen – allein das Wort genügt, um Assoziationen von weißem Strand und blauem Meer wachzurufen. Deshalb kann man im mediterranen Wintergarten auch kaum auf sie verzichten und mit ein, zwei Arten lässt sich bereits viel erreichen. Palmen zählen seit Jahrhunderten zu den beliebtesten Kübelpflanzen, denn sie sind nicht nur überaus dekorativ, sondern auch sehr pflegeleicht und langlebig. Im Sommer müssen sie nur einmal pro Woche reichlich gegossen sowie 2- bis 4-mal monatlich gedüngt werden. Zwischen den Wassergaben muss das Substrat gut abtrocknen. Im mediterranen Wintergarten sollten sie als Leitpflanzen eingesetzt werden. Hier empfehlen sich vor allem die Zwergpalme (*Chamaerops humilis*), die Kanarische Dattelpalme (*Phoenix canariensis*) und die Hanfpalme (*Trachycarpus fortunei*).

Mein Tipp

Mediterrane Pflanzen sollten nicht dauerhaft feucht gehalten, sondern in größeren Abständen (im Winter nur alle 10–14 Tage) gegossen werden. Man lässt die Erde bis zum nächsten Wässern gut abtrocknen. In heißen Sommern kann auch tägliches Gießen nötig werden.

Immergrüne Sträucher

Auch die im Mittelmeerraum am häufigsten verbreiteten immergrünen Sträucher wie Goldorange (*Acuba japonica*), Eukalyptus (*Eucalyptus*) und Myrte (*Myrtus communis*) sollten eingesetzt werden. Die buschig wachsenden Pflanzen sorgen für üppiges Grün in verschiedenen Nuancen. Sie füllen den Raum, untergliedern ihn und bieten den Hintergrund für verschiedenfarbige Blütenpflanzen. Die meisten dieser Sträucher sind schnellwüchsig, sodass der Bewuchs mit den Jahren immer dichter wird. Das Laub ist so verschieden in Form und Farbe, dass schon alleine die Kombination von Goldorange, Eukalyptus und Myrte, die sich um eine Palme scharen, Urlaubsfeeling verbreitet.

Blütenpracht in allen Farben

Die meisten Wintergarten-Besitzer werden sich aber mit Grünpflanzen allein nicht begnügen, denn viele mediterrane Blütenpflanzen eignen sich für die Kultur im Wintergarten. Sie lassen sich als Begleitpflanzen, aber auch als Leitstauden und Blickfänge einsetzen. Die Bougainvillée zum Beispiel ist ein Blütenstrauch, dessen Blütenfülle und Farbenpracht aus südlichen Ländern nicht mehr wegzudenken ist. Er vermittelt wie keine andere mediterrane Pflanze südliche Atmosphäre und ist in einem Wintergarten mit Mittelmeerflair unverzichtbar. Bei guter Pflege kann die Pflanze auch im Wintergarten groß werden und fast das ganze Jahr blühen. Die Farbpalette der im Handel angebotenen Sorten reicht von Violett über Rot und Rostrot, Orange und Gelb bis hin zu Weiß.

Betörender Duft das ganze Jahr

Nicht nur die Farbenpracht, auch der Duft sind Kennzeichen tropischer und subtropischer Blütenpflanzen. Bei entsprechender Pflanzenauswahl kann es auch im Wintergarten das ganze Jahr duften. Es sind vor allem weißblühende Blütensträucher, die einen mehr oder weniger intensiven Duft abgeben und damit bestäubende Insekten anlocken. Zitruspflanzen bringen das ganze Jahr über kleine, weiße, lieblich duftende Blüten hervor. Die großen, gelben oder rosafarbenen Trichterblüten der Engelstrompete verströmen ihren schweren Duft vor allem in den Abendstunden und nachts. Ein duftender Winterblüher ist die Orangenblume. Ihre weißen Blüten öffnen sich ab Februar und verbreiten ein betörendes Aroma.

Mediterrane Accessoires

Für Mittelmeer-Flair sorgen nicht nur südländische Pflanzen, sondern auch die passenden Accessoires. Dazu gehören insbesondere verschieden geformte und verzierte Pflanzgefäße aus Terrakotta und Ton, stilisierte Pinienzapfen,

Amphoren und Skulpturen aus Stein und Terrakotta sowie diverse Keramik wie zum Beispiel Vasen, Schalen und Wandteller aus den Mittelmeerländern. Korbmöbel oder Bistrotische mit den passenden Stühlen aus Eisen sowie Tischdecken, Überwürfe und Kissen in kräftigen Farben und Mustern zaubern mediterranen Lebensstil in den Wintergarten und sorgen für Urlaubsgefühl mitten im Alltag.

Ein Hauch von Fernost

Schattiges, gedämpftes Licht mit ein paar Sonnenflecken dazwischen – das ist die ideale Voraussetzung für ein fernöstliches Ambiente im Wintergarten. Es vermittelt die Ausgeglichenheit, die uns die Hektik des Alltags vergessen lässt und macht den Wintergarten zu einer Oase der Ruhe. Der asiatische Stil eignet sich sowohl zur Bepflanzung eines Wohn-Wintergartens als auch für die Gestaltung des winterkühlen Wintergartens. Denn die Auswahl an exotischen Pflanzen, die entweder ganzjährig warm oder aber winterkühl stehen wollen, ist groß. Fernöstliches Ambiente verbindet man in der Regel mit tropischer Blattfülle, extravaganten Blüten, betörendem Duft und vielfältigen Vogelstimmen, aber auch mit leisen Klangspielen und beruhigender Stille. Alle diese Komponenten lassen sich im Wintergarten einsetzen.

Grün in allen Schattierungen

Asiatisch gestaltete Wintergärten haben meist eine immergrüne, relativ pflegeleichte Bepflanzung, in der Bambus-Arten und -Sorten in verschiedenen Größen und Grünschattierungen die Hauptrolle spielen. Die Auswahl für Gestaltungszwecke ist groß und bietet neben auffällig gefärbten oder gestreiften Halmen buntlaubige Sorten. Für den Wohn-Wintergarten eignen sich vorrangig die verschiedenen Bambus-Arten (*Phyllostachys*), im winterkühlen Wintergarten sind die *Bambusa*-Arten gut aufgehoben. Auch die verschiedenfarbigen, kleinblättrigen *Ficus*-Arten wie Birkenfeige (*F. benjamina*) und Kletterficus (*F. pumila*) passen gut in den winterkühlen Wintergarten.

Von all diesen Arten gibt es sehr schöne weiß- oder gelb-bunt panaschierte Sorten, die sich vielfältig miteinander kombinieren lassen.

Mit diesen immergrünen Pflanzen in variierenden Grüntönen, Blattgrößen und Wuchsformen lässt sich jeder Wintergarten in eine grüne Oase verwandeln, in der man wunderbar zur Ruhe kommen und entspannen kann.

Kamelie – Rose des Winters

Die Traditionspflanze asiatischer Kultur ist der weiß blühende Teestrauch (*Camellia sinensis*). Die nächsten Verwandten, die reich blühenden Kamelien (*C. japonica*) zeigen eine unglaubliche Fülle verschiedener Blütenfarben und -formen und dürfen keinesfalls im fernöstlichen Wintergarten fehlen. Die großen, duftenden, an Rosen erinnernden Blüten sind einfach oder gefüllt. Die Farbpalette reicht von reinem Weiß über Rosa und Lachsfarben bis hin zu leuchtendem Rot sowie verschiedenen zweifarbigen Kombinationen. Als Sträucher oder Hochstämmchen gezogen, sorgen Kamelien von Oktober bis April im winterkühlen oder temperierten Wintergarten für farbliche Hingucker.

Die reich blühende Kamelie darf in einem fernöstlich gestalteten Wintergarten nicht fehlen.

Wüstengarten unter Glas

Wer nicht viel Zeit für die Pflanzenpflege aufwenden will, kann seinen Wintergarten mit Kakteen und Sukkulenten in eine Art „Wüstengarten" verwandeln. Die Pflanzen kann man ruhig ein paar Tage, ja sogar Wochen sich selbst überlassen, ohne befürchten zu müssen, dass sie Schaden nehmen.

Die enorme Vielfalt der Gattungen und Arten macht die Auswahl geradezu schwer: Stamm- und Blattsukkulenten sowohl für ganzjährig warme als auch winterkühle Standorte und Pflanzen mit großen, auffälligen Blüten oder bizarren Wuchsformen. Kombiniert man verschiedene Wuchsformen (Kugeln, Säulen, Kandelaber, Rosetten) und polster- und rasenbildende Arten sowie unterschiedlich mit Dornen, Borsten und Haaren besetzte Arten und reichblühenden Pflanzen, lassen sich überraschende Wirkungen erzielen.

Blickfänge setzen

Auch in einem Wüsten-Wintergarten sollten hohe und auffällige Leitpflanzen, die den Blick auf sich ziehen und den Raum unterteilen, eine Höhenstaffelung ermöglichen.

Den „Wüstencharakter" unterstreichen eine Abdeckung des Substrats mit Splitt und die Platzierung großer Steine.

Mein Tipp

Kakteen und Sukkulenten gießt man durchdringend und wartet bis zur nächsten Wassergabe, bis das Substrat nahezu trocken ist. Dabei den Pflanzkörper aussparen, er wird sonst fleckig.

Standort- und Pflegebedingungen haben. Um die „Wüstenstimmung" noch zu unterstreichen, kann man das Substrat in den Pflanzbeeten mit Sand oder Splitt abdecken und zwischen die Kakteen größere Steine legen.

Kakteen für kalte Wintergärten

> Kugel-Kaktus (*Echinopsis*)

> Igel-Kaktus (*Echinocactus*)

> Stern-Kaktus (*Astrophytum*)

> Melonen-Kaktus (*Melocactus*)

> Warzen-Kaktus (*Mammillaria*)

> Teufelszunge (*Ferocactus*)

> Schnapskopf (*Lophophora*)

Große Kakteen wie der bekannte Schwiegermuttersitz (*Echinocactus grusonii*) oder hochwüchsige, bizarr geformte und bedornte Säulenkakteen wie *Cleistocactus, Lophocereus, Pachycereus* sind allerdings teuer in der Anschaffung, da sie sehr langsam wachsen und bei stattlichem Wuchs schon ein hohes Alter haben.

Man kann sich aber auch mit preiswerteren Sukkulenten oder zum Wüstencharakter passenden Pflanzen wie der Madagaskarpalme (*Pachypodium lamerei*), Agave (*Agave*) oder Drachenbaum (*Dracaena*) behelfen. Einzeln in Kübeln gepflanzt wirken sie als Blickfang und überragen im Pflanzbeet einen Wüstengarten.

Blühende Kakteen

Kakteen wirken vor allem durch auffallend schöne und leuchtende Blüten. Die meist relativ kleinwüchsigen Arten sollten zu mehreren in große, flache Pflanzgefäße oder Trogbeete gesetzt werden. Dabei ist unbedingt darauf zu achten, dass alle in einem Gefäß stehenden Arten die gleichen

Für Farbe im Wüsten-Wintergarten sorgen Arten mit leuchtenden Blüten.

Ein Teich im Wintergarten

In vielen Gärten ist ein Teich der zentrale Blickfang. Leider hat man in den Wintermonaten nicht viel davon. Warum also nicht den Teich in den Wintergarten holen? Dies ist eine wunderbare Möglichkeit, den Ort der Ruhe etwas zu beleben und zugleich das Gefühl von Natur zu verstärken. Denn auch für Pflanzenliebhaber eröffnet ein Teich im Wintergarten ungeahnte Möglichkeiten mit Wasserpflanzen, die ihn in eine grüne Oase verwandeln sowie Seerosen und Schwimmblattpflanzen, die auf der Wasseroberfläche treiben.

Günstiges Baumaterial

Eine relativ einfache Möglichkeit, einen Teich anzulegen ist, eine PVC-Teichwanne als Grundform zu verwenden. Diese gibt es in unterschiedlichen Größen im Baumarkt. Deshalb sollte zuvor genau geplant werden, welche Größe mit passendem Unterbau in das Erscheinungsbild des Wintergartens passt. Der Unterbau lässt sich aus OSB- und Styroporplatten für die Außenverkleidung einfach und kostengünstig selbst bauen. Teurer wird die Anschaffung des technischen Zubehörs (Umwälzpumpe, Lampen u.a.). Hierzu lässt man sich in jedem Fall vor Ort von einem Fachmann beraten. Zusätzlich sollte die Wanne mit spezieller Teichfolie ausgelegt werden. Zuletzt werden nur noch Steine und Sand für den Teichboden benötigt.

Teichpflege

Wie im Garten sollte man auch im Wintergarten darauf achten, dass die Wasserfläche nicht voll besonnt ist, da sich sonst das Wasser zu schnell aufheizt und das Algenwachstum begünstigt wird. Natürlich muss auch der überdachte Teich gepflegt und gewartet werden. Dazu gehört die regelmäßige Wasserkontrolle, also die Überprüfung des pH-Wertes und des Sauerstoffgehaltes. Die Technik muss ebenfalls mindestens einmal im Jahr überprüft werden und es empfiehlt sich einmal jährlich den Teich komplett zu entleeren, zu reinigen und das Wasser zu wechseln. In den oft recht kleinen Teichen werden hauptsächlich zwergwüchsige Pflanzenarten verwendet. Aber auch diese können sich unkontrolliert ausbreiten und andere Arten verdrängen und müssen deshalb in Zaum gehalten werden.

Mein Tipp

Ein Wasserspiel mit entsprechend hoher Verdunstung sorgt im Wintergarten vor allem im Sommer für Menschen und Pflanzen für ein angenehmes Klima. Zudem wird bewegtes Wasser langsamer von Algen besiedelt.

Etwas für Wintergarten-Spezialisten: ein Naturteich unter Glas

Früchtespaß im Glasgarten

Bananen sind Stauden, deren „Stämme" aus geschlossenen Blattscheiden bestehen.

Der Wintergarten muss nicht nur mit grünen und blühenden Zierpflanzen bestückt sein. Er wird zum Schlemmerparadies, wenn er für den Anbau von exotischen Früchten wie zum Beispiel Feige, Kiwi, Zitrusfrüchten oder Maracuja genutzt wird. Im winterkühlen Wintergarten finden sie ideale Bedingungen zum Gedeihen, da sie unter Glas geschützt bis in den Herbst und Winter hinein weiterreifen können und jedes Jahr eine kleine, aber feine Ernte garantieren. Und die Obstgehölze brauchen das ganze Jahr über nicht mehr Pflege als Zierpflanzen: regelmäßiges Düngen und das Substrat darf nicht austrocknen, aber auch nicht zu nass sein.

Fruchtende Schlingpflanzen

Mit Schlingpflanzen lassen sich im Wintergarten sehr gut und lebendig Bereiche unterteilen und Schattenplätze gestalten. Liefern diese Pflanzen darüber hinaus noch köstliche und vitaminreiche Früchte, haben sie einen doppelten Nutzen.

Die Kiwi ist solch ein Schlingstrauch, der bis zu 10 m lang werden kann und auf jeden Fall ein Klettergerüst oder Drahtseile braucht, an denen er sich emporranken kann. Kiwis sind zweihäusig, d.h. es gibt männliche und weibliche Pflanzen. Damit Früchte geerntet werden können, braucht man also mindestens zwei Pflanzen verschiedenen Geschlechts. Die Blüten erscheinen nur am zweihäusigen Holz. Eine Pflanze kann bis zu 10 kg Früchte hervorbringen.

Mein Tipp

Die Früchte sind erst reif, wenn die Schale auf leichten Druck nachgibt und sich ihre Fruchtstiele ganz leicht von den Zweigen abdrehen lassen. Sitzen sie noch fest, sollte man Geduld haben.

Ein anderer Schlinger ist die Maracuja (*Passiflora edulius*), die schon im zweiten Jahr Früchte trägt. Die duftenden, weiß-violetten Blüten sind zwittrig und auf Fremdbestäubung angewiesen.

Kleine exotische Kostbarkeiten sind die Andenbeere (*Physalis peruviana*) und die Tomatillo (*Physalis ixocarpa*). Die rankenden Pflanzen stammen aus Südamerika und können bei guter Pflege 2 m lang werden. Die kugelrunden gelben (Tomatillo) oder orangefarbenen (Andenbeere) Früchte stecken in ballonartigen, zarten Kelchhüllen.

Obstgewächse für den Wintergarten

> Kiwi (*Actinidia chinensis*)

> Cherimoya (*Annona cherimola*)

> Erdbeerbaum (*Arbutus unedo*)

> Limette (*Citrus aurantifolia*)

> Bergamotte (*Citrus bergamia*)

> Mandarine (*Citrus deliciosa*)

> Zitrone (*Citrus limon*)

> Kakipflaume (*Diospyros kaki*)

> Wollmispel (*Eriobotrya japonica*)

> Echte Feige (*Ficus carica*)

> Kumquat (*Fortunella*)

> Granatapfel (*Punica granatum*)

Saftige Weintrauben von der Decke zu pflücken erhöht den Wintergartengenuss!

Vorschläge für Beet-Pflanzungen im Wintergarten

Der Wintergarten ist ein kostbarer Garten und Wohnraum. Seine begrenzte Größe und Nähe zu den Wohnräumen lassen Eindrücke intensiver wirken und erleben. Fehler in der Gestaltung und Bepflanzung werden deutlicher empfunden als im Freilandgarten. Häufig wird Sammlerleidenschaft und persönliche Liebhaberei der Vorzug vor gestalterisch notwendigen Aspekten gegeben. Die Auswahl der Wintergartenpflanzen sollte sich einerseits nach dem Geschmack des Pflanzenliebhabers richten, andererseits nach den Bedürfnissen der Pflanzen. Man darf weder das eine, noch das andere außer Acht lassen. Auf den folgenden Seiten werden Vorschläge für Beetbepflanzungen für den Wohn-Wintergarten sowie den winterkühlen Wintergarten gemacht. Die Beispiele orientieren sich an den Licht- und Temperaturbedürfnissen der Pflanzen und berücksichtigen unterschiedliche Formen und Lagen hinsichtlich der Himmelsrichtungen.

Wohnwintergarten

1 Baumfreund (*Philodendron scandens*)
2 Brunfelsie (*Brunfelsia pauciflora*)
3 Palisanderbaum (*Jacaranda mimosifolia*)
4a Roseneibisch (*Hibiskus rosa-sinensis*)
4b Roseneibisch (*Hibiskus syriacus*)
5 Silbereiche (*Grevillea robusta*)
6 Nesselblatt (*Acalypha*)
7 Zimmerhopfen (*Beloperone guttata*)
8 Gelber Hopfen (*Pachystachys lutea*)
9 Einblatt (*Spathiphyllum*)
10 Gardenie (*Gardenia jasminoides*)

Winterkühler Wintergarten

 1 Zylinderputzer (*Callistemon citrinus*)
 2 Eisenholzbaum (*Metrosideros excelsa*)
 3 Bougainvillée (*Bougainvillea glabra*)
 4 Neuseeländer Flachs (*Phormium tenax*)
 5 Jakobinie (*Jacobinia pauciflora*)
 6 Myrsine (*Myrsine africana*)
 7 Schusterpalme (*Aspidistra eliator*)
 8 Strauchmargerite (*Chrysanthemum frutescens*)
 9 Zickzackstrauch (*Corokia cotoneaster*)
10 Palmfarn (*Cycas revoluta*)
11 Zwergpalme (*Chamaerops humilis*)
12 Steckenpalme (*Rhapis excelsa*)

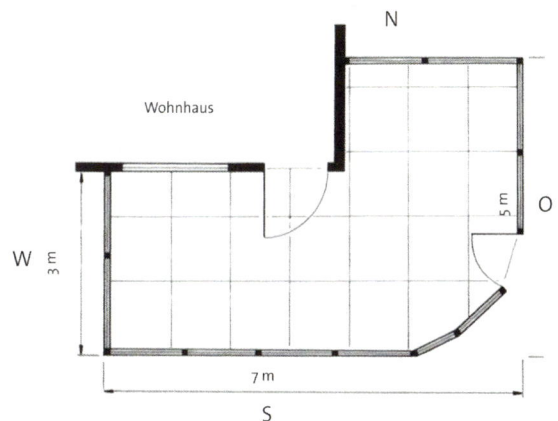

Wohnwintergarten

1   Birkenfeige (*Ficus benjamina*)
2   Lackblattpflanze (*Schefflera actinophylla*)
3   Baumfreund (*Philodendron bipinnatifidum*)
4   Banane (*Musa acuminata*)
5   Zypergras (*Cyperus alternifolius*)
6   Kroton (*Codiaeum variegatum*)
7   Drachenbaum (*Dracaena marginata*)
8   Epicie (*Epicia*)
9   Kolbenfaden (*Aglaonema commutatum*)
10 Spitzblume (*Ardisia crenata*)
11 Efeutute (*Epipremnum pinnatum*)
12 Roseneibisch (*Hibiscus rosa-sinensis*)
13 Pandorea (*Pandorea*)
14 Aralie (*Aralia*)

Winterkühler Wintergarten

1 Steineibe (*Podocarpus macrophyllus*)

2 Zimmeraralie (*Fatsia japonica*)

3 Klebsame (*Pittosporum tobira*)

4 Lorbeer (*Lauris nobilis*)

5 Japanische Wollmispel (*Eriobotrya japonica*)

6 Palmfarn (*Cycas revoluta*)

7 Kiwi (*Actinida chinensis*)

8 Hammerstrauch (*Cestrum purpureum*)

9 Prinzessinenblume (*Tibouchina urvilleana*)

10 Fuchsie-Hybriden (*Fuchsia*)

11 Schusterpalme (*Aspidistra eliator*)

12 Steckenpalme (*Rhapis excelsa*)

Grundriss

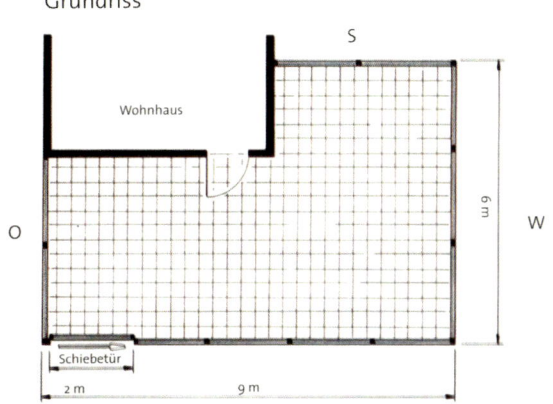

Die schönsten Kübel-
pflanzen im Porträt

Für die dauerhaft erfolgreiche Bepflanzung eines Wintergartens ist nicht allein der persönliche Geschmack, sondern vor allem die fachkundige Pflanzenauswahl von ausschlaggebender Bedeutung. Es gilt, durch geschickte Auslese Pflanzen zu bestimmen, welche die Traumvorstellung der Bewohner und die vorgegebenen Standortfaktoren optimal auf sich vereinen.

Üppiges Grün, prachtvolle Blüten

In einem Wintergarten können zwar auch alle Zimmerpflanzen Platz finden, in der Hauptsache wird man sich jedoch – um üppiges Grün und Blütenfülle zu haben – für mittelgroße bis große Kübelpflanzen entscheiden. Denn durch das Glas kann Licht von oben und allen Seiten einfallen, was für das Wachstum und den Blütenansatz vieler tropischer und subtropischer Pflanzen unabdingbar ist. Zum einen ist für sie im Haus oder in der Wohnung in der Regel kein Stellplatz vorhanden. Zum anderen bietet der Wintergarten viel bessere Lichtverhältnisse.

Mit großen und kleinen, buschigen, steil in die Höhe wachsenden oder kletternden Kübelpflanzen lässt sich der Wintergarten nicht nur begrünen, es können auch Teilbereiche, Ebenen und Blickfänge geschaffen sowie Ruhe- und Sitzplätze abgeschirmt werden.

Die richtige Pflanzenauswahl

Der Wintergarten wird erst dann zur grünen Oase, wenn durch die richtige Auswahl der Pflanzen die Voraussetzung für gesundes Wachstum und üppige Blüte geschaffen wird. Die Freude am Wintergarten vergeht schnell, wenn falsch gewählte Pflanzen dann von Krankheiten oder Schädlingen befallen werden, Wachstumsstörungen zeigen und nicht zur Blüte kommen. Es gibt für jeden Standort – warm, temperiert oder kalt, sonnig, hell oder halbschattig, luftfeucht oder trocken – geeignete Pflanzen, man muss nur wissen, welche. Die Auswahl der Arten muss sich in jedem Fall nach dem Wintergarten-Typ richten. Das betrifft in erster Linie die winterlichen Temperaturverhältnisse, aber auch Licht und Luftfeuchtigkeit spielen eine entscheidende Rolle. Dabei ist zu beachten, dass der Lichteinfall nicht an allen Stellen des Wintergartens gleich ist. Je näher eine Pflanze am Fenster steht, desto mehr Licht bekommt sie ab und muss im Sommer oftmals vor direkter Sonneneinstrahlung geschützt werden. Die Luftfeuchtigkeit hängt sehr stark von der Raumtemperatur und der Belüftung ab.

Es gibt unzählige Pflanzen, die sich für den Wintergarten eignen. Im folgenden Porträtteil werden nur größer werdende grüne und blühende Kübelpflanzen beschrieben. Dabei liegt der Schwerpunkt auch auf pflegeleichten Pflanzen.

Mein Tipp

Vor Auswahl und Kauf zeichnet man am besten in den Wintergarten-Grundriss ein, wo welche Pflanzen stehen sollen. Mit diesem Pflanzplan geht man in den Gartenfachhandel oder eine Spezialgärtnerei für Kübelpflanzen und lässt sich dort bei der Auswahl beraten.

Schönmalve
[Abutilon]

Der reich blühende Strauch aus den Tropen und Subtropen Südamerikas überzeugt durch seine Blühfreudigkeit. Die großen, glockenförmigen Blüten, deren zarte Blütenblätter in reizvollem Kontrast zu den kräftigen Staubbeuteln stehen, erscheinen bei guter Pflege das ganze Jahr über. Im Handel sind vor allem rot-, orange- oder gelb- blühende Hybriden, die durch Kreuzung verschie- dener *Abutilon*-Arten entstanden sind. Es gibt auch gefülltblättrige Sorten.

Blütezeit: Ganzjährig

Standort: Hell, jedoch vor praller Sonne geschützt und luftig; im Winter etwas kühler.

Pflege: Im Frühjahr und Sommer reichlich, in den Wintermonaten etwas weniger gießen. Stau- nässe und Ballentrockenheit unbedingt ver- meiden. Von März bis Oktober wöchentlich, die übrige Zeit alle 3 Wochen düngen. Gelbe Blätter und abgestorbene Blüten regelmäßig entfernen. Junge und sparrig werdende Pflanzen zur bes- seren Verzweigung und mehr Blütenfülle öfter entspitzen.

Pflegefehler und Schädlinge: Bei zu trockener Luft siedeln sich gerne Spinnmilben und Weiße Fliege an. Bei mangelnder Nähstoffversorgung bilden sich weniger Blüten.

Weitere Arten: *A. megapotamicum* ist eine ran- kende Art mit gelb-roten Blüten. *A. pictum* 'Thompsonii' trägt goldgelb marmorierte Blätter.

 Die Schönmalve kann als Busch oder Hochstämmchen gezogen werden und wirkt sehr schön in verschiedenfarbiger Gruppierung. A. megapotamicum lässt sich als Kletterpflanze und somit als Raumteiler einsetzen. Da die Pflanze ganzjährig blüht, sorgt sie im Wintergarten zu jeder Jahreszeit für Farbe.

Akazie
[*Acacia*]

Akazien sind Sträucher oder Bäume mit zarten, doppelt gefiederten, hellgrünen Blättern oder blattartig verbreiterten Blattstielen (*Phyllodien*) mit oder ohne Dornen und gelben, flaumigen Blüten, die in Ähren oder Büscheln zusammensitzen. Die Blütenzweige werden im Frühjahr unter dem Namen „Mimosen" als Schnittblumen angeboten.

Blütezeit: März bis April

Standort: Das ganze Jahr über sonnig und luftig; im Winter – um den Blütenansatz zu fördern – kühler, jedoch nicht unter 10 °C stellen.

Pflege: Im Sommer reichlich, im Winter etwas weniger mit kalkfreiem Wasser (!) gießen. Ballentrockenheit auf jeden Fall vermeiden. Vom Knospenansatz bis Ende August wöchentlich düngen. Um sparrigen Wuchs zu vermeiden, rechtzeitig beschneiden, da die Pflanze zu starken Rückschnitt übel nimmt.

Pflegefehler und Schädlinge: Bei zu trockener Luft treten Spinnmilben auf. Eine Gelbfärbung der Blätter weist auf zu viel Kalk im Substrat oder Gießwasser hin.

Weitere Arten: Von der Silber-Akazie (*A. dealbata*) mit ihren langen, blaugrünen, doppelt gefiederten Blättern sind verschiedene reich blühende Sorten im Handel. Die Känguru-Akazie (*A. armata*) ist ein buschiger, dicht verzweigter Strauch mit kantigen Zweigen und zu Dornen umgewandelten Nebenblättern.

 Akazien wirken durch ihre gefiederten Blätter und die zartgelben, flaumigen Blütenköpfchen sehr filigran. Sie sollten daher am besten einzeln stehen und genügend Platz um sich herum haben. In einem mediterranen Wintergarten dürfen diese Pflanzen nicht fehlen.

Erdbeerbaum

[Arbutus unedo]

Der im Mittelmeerraum und auf den Kanarischen Inseln beheimatete Erdbeerbaum ist eine attraktive, immergrüne Kübelpflanze, die sowohl blütenlos mit ihren rötlichen Zweigen und lorbeerähnlichen Blättern, als auch blühend und fruchtend eine Zierde ist. Die kugeligen oder urnenförmigen, weißen bis hellrosa Blüten sitzen in büscheligen, meist überhängenden Rispen am Ende der Zweige. Die erdbeerähnlichen Früchte sind zunächst gelb, werden aber mit zunehmender Reife scharlachrot. Sie sind essbar, schmecken aber nicht besonders.

Blütezeit: November bis März

Standort: Sonnig, im Sommer vor praller Sonne geschützt und luftig. Im Winter kühler stellen, nicht über 15 °C.

Pflege: Zur Wachstumszeit reichlich mit kalkarmem (!) Wasser gießen, Staunässe jedoch vermeiden. Sonst mäßig feucht halten, nie austrocknen lassen. Im Frühjahr und Sommer wöchentlich düngen. Bei Bedarf im Frühjahr bei Neuaustrieb umtopfen. Zu groß gewordene Pflanzen vorsichtig zurückschneiden.

Pflegefehler und Schädlinge: Bei zu trockener Luft siedeln sich Spinnmilben an und es kommt zu schlechtem Blütenansatz.

Weitere Arten: Die Sorte *A. unedo* 'Rubra' trägt rote Blüten, *A. andrachne* hat orangerote Blüten und blüht im März/April.

 Der Erdbeerbaum sollte als Solitärpflanze eingesetzt werden, damit seine Schönheit mit oder ohne Blüten voll zur Geltung kommt. Seiner Herkunft nach gehört er in jedem Fall in einen mediterranen Wintergarten.

Spitzblume
[Ardisia crenata]

Dieser kleine, immergrüne, 60–120 cm hohe Strauch ist zur Zeit der Fruchtreife ein Blickfang. Dann schmückt er sich mit zahllosen, kugelrunden, leuchtend korallenroten Früchten, die in starkem Kontrast zu den dunkelgrünen Blättern stehen. Die Früchte bleiben oftmals bis zur nächsten Blüte an der Pflanze. Eine Besonderheit sind die knotenförmigen Verdickungen am Rande der krausgewellten Blätter. In ihnen leben Bakterien, die das Wachstum der Pflanze beeinflussen. Entfernt man sie, treten Wachstumshemmungen auf.

Blütezeit: Mai/Juni

Standort: Sonnig, im Frühjahr und Sommer vor praller Sonne schützen; im Winter etwas kühler bei 15–18 °C stellen; für hohe Luftfeuchtigkeit sorgen.

Pflege: Ganzjährig mäßig, aber gleichmäßig gießen und regelmäßig sprühen. Im Sommer wöchentlich düngen, im Winter Düngung einstellen. Bei Bedarf im Frühjahr umtopfen. Da die Pflanze sich regelmäßig verzweigt, ist Zurückschneiden nicht nötig.

Pflegefehler und Schädlinge: Wachstumsstörungen bei zu feuchter Erde und zu niedriger Temperatur.

Weitere Arten: *A. malouiana* stammt aus Borneo und zeichnet sich durch samtig-dunkelgrüne Blätter aus.

 Da die Ardisie sich auf einem dünnen Stamm erhebt, ist im Pflanzgefäß viel „nacktes" Substrat zu sehen. Mit einer Unterpflanzung aus Bodendeckern lässt sich Abhilfe schaffen. Ein Pflanzgefäß in der Farbe der Früchte lässt die fruchtende Spitzblume im Wintergarten zu einem leuchtenden Farbtupfer werden.

Goldorange

[Aucuba]

Aukuben sind immergrüne, 2–3 m hohe Sträucher mit elliptischen, ledrigen Blättern und kleinen, rötlichen Blüten, die in endständigen Rispen zusammengefasst sind. Die Pflanzen sind zweihäusig, d.h. es gibt Pflanzen, die nur männliche und Pflanzen, die nur weibliche Blüten tragen. Befruchtete weibliche Pflanzen bilden kleine, scharlachrote Früchte aus.

Blütezeit: März/April

Standort: Ganzjährig hell, jedoch nicht sonnig, luftig; im Winter kühler stellen.

Pflege: Je höher die Temperatur, desto mehr muss gegossen werden. Gleichmäßig feucht halten; im Winter weniger gießen, jedoch nie austrocknen lassen. Von März bis September wöchentlich schwach düngen. Jungpflanzen im Frühjahr, ältere Pflanzen nur noch alle 2–3 Jahre umtopfen. Zu groß gewordene Exemplare vertragen einen kräftigen Rückschnitt.

Pflegefehler und Schädlinge: Empfänglich für Schildläuse. In den Wintermonaten nicht zu warm und zu dunkel stellen, da sonst Blattschäden (schwarze Flecken) auftreten.

Weitere Arten: In Kultur sind außer den rein grünblättrigen Arten *A. japonica* und *A. himalaica* vor allem gelb gesäumte, punktierte oder gestreifte Sorten wie *A. japonica* 'Crotonifolia', 'Limbata', 'Picturata' oder 'Variegata'.

 Die Goldorange oder Aukube wird mit den Jahren ein stattlicher Strauch, der viel Platz benötigt und durch seinen kompakten Wuchs dominierend wirkt.

Bougainvillée
[Bougainvillea]

Bougainvilléen oder Drillingsblumen sind ursprünglich im tropischen und subtropischen Amerika beheimatet. Seit langem aber werden die unbewehrten oder dornigen Kletterpflanzen in allen südlichen Ländern angepflanzt und sind mit ihrer Blütenfülle und Farbenpracht aus Gärten und Parks nicht mehr wegzudenken. Die violetten, roten, orange- oder rosafarbenen, gelben und weißen „Blüten" sind jedoch keine, sondern farbig ausgebildete Hochblätter, die kleine, unscheinbare Blütchen umgeben.

Blütezeit: April bis Juni

Standort: Im Frühjahr und Sommer sonnig, warm und luftig; im Winter hell und etwas kühler stellen.

Pflege: Im Frühjahr mäßig, zur Blütezeit reichlich gießen, Staunässe vermeiden; im Winter fast trocken halten, Ballen aber nie völlig austrocknen lassen. Vom Austrieb bis zum Herbst wöchentlich düngen. Für ein stabiles Klettergerüst sorgen. Zu lang gewordene Triebe im Sommer stutzen, damit sich Seitentriebe mit Blütenansatz bilden. Im Herbst werfen die Pflanzen ihre Blätter ab, jetzt kräftig zurückschneiden.

Weitere Arten: Für den Wintergarten gibt es von *B. glabra* eine Reihe schön gefärbter Sorten: 'Alexandra', 'Sanderiana', 'Crimson Lake' oder 'Jamaica White'. *B. spectabilis* hat größere, stark behaarte Blätter, wird höher, ist aber nicht so blühwillig.

 Bougainvilléen sind so schnittverträglich, dass man sie sogar zu kleinen Stämmchen formen kann.

Engelstrompete
[*Brugmannsia*]

Zu den beeindruckendsten blühenden Kübelpflanzen gehört die Engelstrompete mit ihren bis zu 50 cm langen, trompetenförmigen, einfachen oder gefüllten, zweifarbigen Blüten in Weiß, Gelb, Rot und Blau. Darüber hinaus verströmen die Blüten – vor allem in den Abendstunden – einen betörenden Duft. Achtung: Die Pflanze ist in allen Teilen giftig!

Blütezeit: Je nach Art von Juni bis Dezember

Standort: Im Sommer sonnig bis halbschattig und luftig, vor praller Sonneneinstrahlung geschützt; im Winter hell, kühl (5–10 °C) und luftig.

Pflege: Im Sommer reichlich gießen, für guten Ablauf sorgen; im Winter nur soviel gießen, dass der Wurzelballen nicht austrocknet. Ab dem Neuaustrieb bis September wöchentlich düngen. Verblühtes abschneiden, um Neuaustrieb anzuregen, im Frühjahr zu dünne oder lang herauswachsende Triebe abschneiden und in größere Töpfe mit nahrhafter Erde umpflanzen.

Pflegefehler und Schädlinge: Gelbe Blätter oder Blattwurf deuten auf Nährstoffmangel hin. Anfällig für Blatt- und Schildläuse, Spinnmilben und Weiße Fliege.

Weitere Arten: Von *Brugmannsia* sind inzwischen sehr viele Arten und Sorten mit unterschiedlichen Blütenfarben und Blühzeiten im Handel.

 Engelstrompeten sind sehr schnellwüchsige Sträucher, die viel Platz benötigen. Sie können als Strauch oder kleiner Baum geformt werden.

Flammenbusch

[Calliandra tweedii]

Diese tropische, immergrüne Kübelpflanze bringt zur Hauptblütezeit viel Rot in den Wintergarten. Durch ihre langen, glänzenden Staubblätter erhalten die Blüten ein luftiges, pinselförmiges Aussehen, was gut zu den dünnen, überhängenden Zweigen und den hellgrünen, fein gefiederten Blättern passt.

Blütezeit: Frühjahr bis Herbst

Standort: Hell bis sonnig, warm und luftig; auch im Winter nicht unter 15 °C.

Pflege: Im Sommer regelmäßig gießen, Staunässe vermeiden; im Winter bei niedrigeren Temperaturen etwas weniger gießen, Ballen nie austrocknen lassen. Von April bis August alle 14 Tage schwach düngen. Bei Bedarf im Frühjahr in gut durchlässige Erde umtopfen. Um buschigen Wuchs zu erhalten, Jungpflanzen öfter stutzen, ältere Pflanzen alle paar Jahre auslichten, um sparrigen Wuchs zu verhindern.

Pflegefehler und Schädlinge: Bei zu warmem Stand und zu trockener Luft können sich Spinnmilben, Blattläuse und Weiße Fliege ansiedeln.

Weitere Arten: *C. surinamensis* bringt rosa Blüten, *C. portoricensis* weiße Blüten hervor.

 Der Flammenbusch sollte möglichst einzeln stehen, damit seine Zartheit auch zur Geltung kommt. Kleinere Pflanzen am besten etwas erhöht auf eine Pflanzensäule stellen, damit die Zweige gut überhängen können.

Zylinderputzer
[Callistemon]

Der immergrüne Strauch aus Australien erhielt seinen Namen aufgrund seiner Blütenähren, in denen die Einzelblüten mit ihren langen Staubfäden dicht gedrängt wie die Borsten eines Flaschen- oder Zylinderputzers angeordnet sind. Auch außerhalb der Blütezeit ist der schnell wachsende und bis zu 3 m hohe Strauch mit seinen rötlichen Zweigen und den dunkelgrünen, ledrigen Blättern eine Pflanze mit hohem Zierwert.

Blütezeit: Sommer

Standort: Im Sommer sonnig, warm und luftig; im Winter hell, aber kühler.

Pflege: Im Sommer reichlich mit kalkfreiem (!), lauwarmem Wasser gießen; im Winter nur soviel, dass der Wurzelballen nicht austrocknet. Von Frühjahr bis Herbst alle 2–3 Wochen mit kalkfreiem Dünger versorgen. Bei Bedarf im Frühjahr in kalkfreie Erde umtopfen. Zu lang gewordene Triebe nach der Blüte zurückschneiden.

Pflegefehler und Schädlinge: Die Pflanze reagiert empfindlich auf Kalk, erstes Anzeichen sind gelbe Blätter. Bei zu warmem Winterstand können sich Schildläuse ansiedeln.

Weitere Arten: Es gibt feuerrote, rosafarbene, gelbe und weiße Farbvarianten. Das Laub des Zitronen-Zylinderputzers (*C. citrinus*) duftet frisch nach Zitrone, wenn man es bricht.

 Der Zylinderputzer ist eine auffällige Blütenpflanze, die sehr schön zu mediterranen Blütenpflanzen passt. Weil schon die Jungpflanzen reichlich blühen, lassen sich mit verschieden großen Exemplaren und immergrünen Blattpflanzen attraktive Gruppen arrangieren.

Kamelie

[Camellia]

Die Kamelie ist eine wunderschöne Blütenpflanze, die auch einen angenehmen Duft verbreitet. Aufgrund ihres heimatlichen Vorkommens in den feuchten Gebirgsregionen und küstennahen Wäldern Ostasiens ist die Haltung und Pflege etwas anspruchsvoll. Die Pflanze fühlt sich am wohlsten im winterkühlen Wintergarten, in beheizten Wohnräumen wirft sie ihre Blüten ab. Die Blütenfarbe reicht von Reinweiß über Creme und Rosa bis Dunkelrot. Es gibt sogar mehrfarbige oder gestreifte Variationen.

Blütezeit: Je nach Sorte Winter oder Frühjahr

Standort: Ganzjährig hell bis halbschattig, im Frühjahr und Sommer unbedingt vor praller Sonne schützen; im Winter kühl, nicht über 15 °C stellen.

Pflege: Bis zum Erscheinen der Blütenknospen gleichmäßig mit kalkfreiem (!) Wasser feucht halten, dann die Wassergaben etwas einschränken. Zur Blütezeit durch häufigeres Sprühen (nicht auf die Blüten) mit lauwarmem Wasser für höhere Luftfeuchtigkeit sorgen. Ab dem Neuaustrieb bis Juli alle 14 Tage mit kalkfreiem Dünger versorgen. Bei Bedarf nach der Blüte in kalkfreies, durchlässiges Substrat umtopfen. Ein Rückschnitt ist nicht nötig, da die Kamelien mit zunehmendem Alter eine immer schönere Wuchsform annehmen.

Pflegefehler und Schädlinge: Laubfall bei zu warmem Stand im Winter. Knospenfall bei zu trockenem Standort und Gießen mit hartem Wasser.

Weitere Arten: Von der Japanischen Kamelie (*C. japonica*) gibt es eine großen Sortenvielfalt mit einfachen, gefüllten, ein- oder zweifarbigen Blüten, die als Stämmchen im Handel sind. Sasanqua-Kamelien (*C. sasanqua*) blühen bereits im Herbst und duften herrlich.

 Bei guter Pflege (man kann sich an der Rhododendronpflege orientieren) werden Kamelien von Jahr zu Jahr üppiger in Wuchs und Blütenansatz und sind eine duftende Zierde für jeden Wintergarten.

Gewürzrinde

[Cassia corymbosa]

Mit den Blüten der Gewürzrinde zieht in den Wintergarten leuchtendes Gelb ein. Die bis zu 3 m hohe Pflanze stammt aus Südamerika und trägt gefiederte, sattgrüne Blätter, über denen vom Frühsommer bis in den Winter hinein zahlreiche langgestielte Doldentrauben aus sattgelben Einzelblüten stehen. Die reichblühende Kübelpflanze ist pflegeleicht und eignet sich sowohl für den temperierten als auch winterkühlen Wintergarten.

Blütezeit: Mai bis Oktober/November

Standort: Ganzjährig sonnig und luftig, im Frühjahr und Sommer vor praller Sonne schützen; im Winter kühler stellen.

Pflege: Während der Wachstumszeit im Frühjahr und Sommer reichlich gießen, für guten Abfluss sorgen, damit keine Staunässe entsteht; im Winter bei kühlerem Stand weniger gießen, Ballen jedoch nie austrocknen lassen. Für eine reiche Blüte von April bis Oktober wöchentlich düngen. Bei Bedarf in nährstoffreiche, durchlässige Erde umtopfen. Für buschigen Wuchs Jungpflanzen öfter zurückschneiden. Ältere Pflanzen kräftig zurückschneiden, um Neuaustrieb und Blütenansatz zu fördern.

Pflegefehler und Schädlinge: Neuaustriebe werden gerne von Blattläusen befallen. Zu kühler und zu nasser Stand hat Wurzelfäule zur Folge.

Weitere Arten: Der Kerzenstrauch (*C. didymobotrya*) stammt aus dem tropischen Afrika und unterscheidet sich von anderen *Cassia*-Arten durch kerzenförmige Blütenstände.

Die gelb blühenden Kassien sind attraktive Kübelpflanzen, die besonders in winterkühlen Wintergarten über viele Monate reiche Blüte tragen. Die Pflanzen brauchen viel Freiraum, um sich gut entwickeln und ihre volle Blütenpracht von allen Seiten zeigen zu können.

Bergpalme
[*Chamaedorea elegans*]

Die pflegeleichte Bergpalme ist eine der verbreitetsten Zimmerpalmen, da sie nur langsam wächst und lange Zeit relativ klein bleibt. Ihre hellgrünen, gefiederten, leicht überhängenden Wedel verleihen ihr ein graziles Aussehen. Da die Bergpalme bereits in jungen Jahren zu blühen beginnt, kann man auch im Wintergarten mit ihren angenehm duftenden, blassgelben Blüten und den orangefarbenen Früchten rechnen.

Blütezeit: Sommer

Standort: Ganzjährig hell bis halbschattig, im Sommer vor praller Sonne schützen, warm und luftig; im Winter etwas kühler stellen.

Pflege: Ganzjährig mäßig feucht halten, häufig mit kalkarmem Wasser besprühen. Von März bis Oktober wöchentlich schwach düngen. Bei Bedarf im Frühjahr in nährstoffreiche Erde umsetzen.

Pflegefehler und Schädlinge: Bei zu trockener Luft vergilben die Blattspitzen und der Befall mit Weißer Fliege, Spinnmilben und Schildläusen wird begünstigt.

Weitere Arten: Bergpalmen werden in zwei Gruppen unterteilt: Arten mit gefiederten und Arten mit ungefiederten Wedeln. Zu den ungefiederten Arten zählen *C. metallica* mit graugrünen, metallisch glänzenden Wedeln, *C. ernesti-augusti* mit

glänzend grünen Wedeln und *C. tenella* mit nur 12 cm langen Wedeln – einer der kleinsten Palmenarten.

 Da Bergpalmen schon in frühester Jugend Blüten ausbilden und zudem einen zarten Duft verströmen, sollten sie auf jeden Fall einen Platz im Wohnwintergarten bekommen. Sehr schön wirken Gruppen aus mehreren Bergpalmen, die zusammen in einem Beet oder Kasten gepflanzt werden, vor allem, wenn sie verschiedenfarbige Blüten und Früchte tragen.

Zwergpalme
[Chamaerops humilis]

Die niedrige, sich verzweigende und kurze Stämme bildende Palme ist eine schöne, pflegeleichte und robuste Grünpflanze für den Wintergarten. Die halbkreisrunden, tief geschlitzten, sattgrünen Wedel bilden einen auffallenden Kontrast zu den Stämmen, die mit den braunen, faserigen Resten der Blattscheiden bedeckt sind. Vorsicht vor den bedornten Blattstielen! Bei guter Pflege setzen Zwergpalmen schon in jungen Jahren Blüten an.

Blütezeit: Sommer

Standort: Ganzjährig sonnig und luftig; kann im Winter auch halbschattig und kühl stehen.

Pflege: Wurzelballen zur Wachstumszeit mäßig feucht halten, bei höheren Temperaturen reichlicher, bei kühlem Winterstandort nur wenig gießen; von März bis September wöchentlich schwach düngen.

cilis unterscheiden sich durch Blattgröße, Form und Stärke der Blattstiele und Faserigkeit der Stämme.

Pflegefehler und Schädlinge: Bei schlechter Belüftung können Spinnmilben auftreten; zu reichliches Gießen führt zu Wurzel- und Stammfäule; zusammengefaltete Wedel deuten auf zu trockene Haltung hin.

Weitere Arten: Eine Reihe von Varietäten zum Beispiel *C. arborescens*, *C. argentata* oder *C. gra-*

 Die Zwergpalme ist eine langsamwüchsige Kübelpalme, die bis zu 3 m hoch werden kann. Um ungestört wachsen zu können, benötigt sie ausreichend Platz und kommt am besten in großen Holztrögen an exponierter Stelle zur Geltung.

Orangenblume

[*Choisya ternata*]

Die Orangenblume gehört in den duftenden oder mediterranen Wintergarten, denn ihre weißen, in end- und achselständigen Trugdolden stehenden Blüten verströmen einen intensiven Orangenduft. Der aus Mexiko stammende immergrüne Blütenstrauch hat einen rundbuschigen Wuchs und erreicht im Kübel maximal 2 m Höhe. Die Blätter sind ledrig und aus 3 länglichen, durchscheinend punktierten Blättchen zusammengesetzt.

Blütezeit: Mai bis Juni, im kühlen Wintergarten schon ab Februar.

Standort: Ganzjährig hell bis sonnig, luftig; im Winter kühl.

Pflege: Im Sommer bei warmem, sonnigem Stand reichlich mit kalkfreiem (!) Wasser gießen, Staunässe vermeiden; im Winter je nach Temperatur trockener halten. Von April bis Oktober wöchentlich schwach düngen. Bei Bedarf im Februar in gut durchlässige Erde umtopfen. Jungpflanzen öfter stutzen. Abgeblühte Blütentriebe abschneiden. Sparrig gewordene Triebe einkürzen.

Pflegefehler und Schädlinge: Bei zu dunklem Stand wird die Pflanze sparrig, verliert ihre buschige Wuchsform und setzt nur spärlich Blüten an. Im Frühjahr können Blattläuse den Neuaustrieb befallen.

Weitere Arten: Die Sorte *C. ternata* 'Aztec Pearl' hat größere, in der Mitte leicht rosa überlaufene Blüten und lange, schmale, fingerartig geteilte, aromatisch duftende Blätter.

 Die Orangenblume ist eine Pflanze für den winterkühlen Wintergarten. Zur Blütezeit sollte sie auf jeden Fall in Sitzplatznähe aufgestellt werden, damit man ihren Duft richtig genießen kann.

Goldfruchtpalme
[*Chrysalidocarpus lutescens*]

Da die Goldfruchtpalme im Jugendstadium recht langsam wächst (nur 15–20 cm pro Jahr), eignet sie sich sehr gut für die Haltung im Wohn-Wintergarten. Ihre dekorativen, kammartig gefiederten, gelbgrünen Wedel können meterlang werden, hängen bogig über und erscheinen mit zunehmendem Alter leicht goldgelb bereift. Die Pflanze verzweigt sich von unten her buschig und entwickelt sich im Laufe der Zeit zu einem dichten Horst. Bei guter Pflege setzt sie auch im Wintergarten Blüten an und bildet goldgelbe Fruchtstände aus.

Blütezeit: Sommer

Standort: Ganzjährig hell, warm und luftig; im Frühjahr und Sommer vor praller Sonne schützen.

Pflege: Vor allem im Sommer bei hohen Temperaturen reichlich gießen, Staunässe vermeiden; im Winter bei kühleren Temperaturen (nicht unter 15 °C) etwas weniger feucht halten. Von März bis August alle 14 Tage düngen. Jüngere Pflanzen alle 2–3 Jahre in nährstoffreiche, durchlässige Erde umtopfen.

Pflegefehler und Schädlinge: Zu trockene Luft verursacht braune Blattspitzen und begünstigt den Befall mit Spinnmilben. Zu starke Sonneneinstrahlung lässt die Blätter vergilben.

Weitere Arten: Alle anderen Goldfruchtpalmen-Arten eignen sich nicht für die Haltung im Wintergarten, da sie zu schnell wachsen und bis zu 10 m hoch werden können.

 Die Goldfruchtpalme kann ganzjährig im Wohn-Wintergarten untergebracht werden und sorgt für ein tropisches Ambiente. Zu der lichten Pflanze passen vor allem helle Accessoires und leichte Korbmöbel.

Zitruspflanzen
[Citrus]

In einem Wintergarten sollte man keinesfalls auf *Citrus*-Arten und ihre Verwandten verzichten. Sie vermitteln die typische Mittelmeeratmosphäre, bezaubern durch ihre zartweißen, duftenden Blüten, tragen bei guter Pflege reichen Fruchtbehang und lassen sich wunderbar miteinander und mit anderen Mittelmeerpflanzen kombinieren. Die immergrünen Zitrusgewächse können als Sträucher oder kleine Bäumchen kultiviert werden.

Blütezeit: Ganzjährig

Standort: Ganzjährig sonnig, warm und luftig; im Frühjahr und Sommer vor praller Sonnen schützen.

Pflege: Im Sommer regelmäßig, im Winter sparsamer mit enthärtetem Wasser gießen, Staunässe vermeiden, im Sommer öfter mit kalkfreiem Wasser besprühen. Zur Wachstumszeit (von April bis Oktober) wöchentlich, im Winter nicht düngen. Ist das Pflanzgefäß völlig durchwurzelt, in gut durchlässige Erde umtopfen. *Citrus*-Arten lassen sich leicht in Form schneiden und vertragen auch kräftigen Rückschnitt, was allerdings zunächst auf Kosten der Blühfreudigkeit geht.

Pflegefehler und Schädlinge: Bei zu geringer Luftfeuchtigkeit und schlechter Belüftung Befall mit Schild- und Blattläusen; zu feuchte Haltung im Winter kann Wurzelfäule und Grauschimmel hervorrufen.

Weitere Arten: Die Limette (*C. aurantifolia*) hat grasgrüne, zartschalige Früchte und benötigt viel Wärme. Die Pomeranze (*C. aurantium*) trägt bittersaure Früchte, die nur kandiert (*Orangeat*)

Verwendung finden. Der Zitronenbaum (*C. limon*) hat die größten Blätter und ist sehr wuchsfreudig. Die Mandarine (*C. reticulata*) zählt zu den klein bleibenden, buschigen Arten. Die kleinsten Arten sind Zwergorange (*C. microcarpa*) und Kumquat (*Fortunella japonica*).

 Mit Zitruspflanzen lassen sich das ganze Jahr über leuchtendes Orange und Gelb sowie intensiver Duft in den Wintergarten bringen. Sie sind im mediterranen Wintergarten unverzichtbar und kommen am besten in schönen Terrakotta-Gefäßen zur Geltung.

Palmfarn
[Cycas revoluta]

Der Palmfarn ist eines der wenigen Gewächse, das aus den Urzeiten unserer Weltgeschichte übrig geblieben ist. Die Pflanze ähnelt zwar vom Aussehen her einer Palme, ist aber mit dieser – trotz des Namens – nicht verwandt. Aus einem schuppigen, ananasähnlichen Stamm wachsen kranzförmig dunkelgrüne, fein gefiederte Wedel. Diese attraktive Kübelpflanze eignet sich sowohl für den Wohn-Wintergarten, als auch für den kühlen Wintergarten, denn sie wächst sehr langsam und bildet nur alle 2–3 Jahre einen neuen Blattkranz aus.

Blütezeit: Blüht in Kultur kaum.

Standort: Ganzjährig hell und luftig, im Frühjahr und Sommer vor praller Sonne schützen; kann im Winter auch kühler stehen (bei ca. 15 °C).

Pflege: Im Sommer reichlich gießen, aber Staunässe vermeiden und Wurzelballen vor dem nächsten Gießen gut antrocknen lassen, öfter mit kalkfreiem (!), lauwarmem Wasser besprühen; im Winter weniger gießen. Im Sommer wöchentlich düngen. Bei Bedarf im Frühjahr in nährstoffreiche, gut durchlässige Erde umtopfen.

Pflegefehler und Schädlinge: Bei zu nasser Haltung, vor allem im Winter, kann es zu Wurzelfäule kommen. Bei zu trockener, warmer Luft siedeln sich Wollläuse an.

Weitere Arten: Von den 8 Arten, die im tropischen Asien, Afrika und Australien vorkommen, hat sich nur *C. revoluta* als Kübelpflanze durchgesetzt.

 Der Palmfarn wird mit zunehmendem Alter immer schöner und sollte im tropischen Wintergarten nicht fehlen. Die dunkelgrünen Wedel stehen in wunderbarem Kontrast zu dem braunen, schuppigen Stamm. Je größer die Pflanze, desto mehr Freiraum muss ihr eingeräumt werden.

Korallenstrauch

[Erythrina crista-galli]

Mit seinen leuchtend roten Blüten, die ihn von Juni bis September schmücken, ist der bis zu 1,50 m hohe Korallenstrauch wohl eine der auffallendsten Kübelpflanzen. Vom Sommer bis zum Herbst erscheinen in Schüben an den langen, bedornten Trieben bis zu 40 cm lange Blütentrauben, die sich aus zahlreichen scharlachroten Schmetterlingsblüten mit langer, zurückgeschlagener Fahne zusammensetzen und in schönem Kontrast zu den sattgrünen, ledrigen, dreiteiligen Blättern stehen.

Blütezeit: Juli bis Oktober

Standort: Im Sommer warm und luftig; nach dem Blattabwurf im Herbst bis zum Neuaustrieb im Frühjahr kühl und dunkel stellen.

Pflege: Von März bis August reichlich gießen, aber Staunässe vermeiden, nach dem Blattabwurf bis zum März ältere Pflanzen nicht mehr gießen, Jungpflanzen nur so feucht halten, dass der Ballen nicht austrocknet. Von März bis September wöchentlich düngen. Verblühtes regelmäßig ausschneiden, nach dem Blattabwurf den Haupttrieb bis auf ca. 15 cm zurückschneiden. Im Frühjahr in nährstoffreiche, gut durchlässige Erde umtopfen. Wieder heller und wärmer stellen. Sich jetzt bildende Seitentriebe nicht mehr kürzen, denn an ihnen entwickeln sich die Blüten.

Pflegefehler und Schädlinge: Bei zu trockener Luft oder schlechter Belüftung siedeln sich Spinnmilben und Weiße Fliege an.

Weitere Arten: Vom Korallenstrauch sind etwa 50 Arten in den Subtropen und Tropen bekannt. Zum Blühen in Kultur bringt man jedoch nur *E. christa-galli.*

 Der Korallenstrauch ist eine ausgesprochene Saisonschönheit. Im Sommer leuchten seine Blüten weithin; im Winter sterben die Triebe fast völlig ab. Das macht ihn aber in dieser nicht ganz einfachen Jahreszeit sehr pflegeleicht. Man kann ihn vergessen, bis er zum Frühlingsbeginn zu neuem Leben erwacht.

Echte Feige
[Ficus carica]

Die Echte Feige ist eine der ältesten Kultur- und Nutzpflanzen. Der baumförmige, sommergrüne Strauch trägt grau-grüne Zweige, an denen große, drei- oder fünflappige Blätter sitzen, die einen süß-herben Geruch verströmen. Im Kübel wächst die Pflanze eher buschig und erreicht eine Höhe von 2–3 m. Die unscheinbaren Blüten sitzen im Inneren der krugförmigen, fleischigen Blütenstandsachse und haben nur einen schmalen Zugang. Durch diese werden sie von Gallwespen bestäubt. Zur Kultur im Wintergarten werden in der Regel adriatische Zuchtformen angeboten, die auch ohne Bestäubung Früchte tragen.

Blütezeit: Je nach Sorte Frühjahr und Herbst; Fruchtreife im Herbst. Im Herbst ansetzende Früchte überwintern und reifen im kommenden Sommer aus.

Standort: Im Sommer sonnig warm und luftig, vor praller Sonne schützen; im Winter kühl und luftig.

Pflege: Im Sommer reichlich gießen, jedoch Staunässe vermeiden, die Erde vor dem nächsten Gießen gut abtrocknen lassen; im Winter nur soviel gießen, dass der Wurzelballen nicht austrocknet. Von April bis September wöchentlich schwach düngen. Bei Bedarf im Frühjahr in gut durchlässige Erde umtopfen. Nicht zu große Gefäße verwenden, ein beschränktes Wurzelwachstum fördert die Fruchtbildung. Jungpflanzen mehrfach stutzen. Zu groß gewordene Feigen können kräftig zurückgeschnitten werden.

Pflegefehler und Schädlinge: Bei zu trockener Luft können sich Spinnmilben und Wollläuse einnisten.

Weitere Arten: Im Handel sind viele Sorten mit unterschiedlich gefärbten und geformten Früchten erhältlich.

 Die Pflanze ist ausgesprochen robust und gedeiht auch in der Hand von Einsteigern prächtig. Sie braucht viel Platz und eignet sich als Solitärpflanze für den winterkühlen Wintergarten.

Gummibaum
[Ficus]

Zur Gattung *Ficus* zählen mehr als 2000 Arten, die in den tropischen und subtropischen Gebieten der ganzen Welt beheimatet sind. In Kultur sind allerdings nur etwa 20 Arten. Die immergrünen, aufrecht wachsenden oder kletternden Sträucher tragen meist ledrige Blätter und führen einen weißen Milchsaft. Für den Wohn-Wintergarten gibt es ein großes Sortiment in verschiedenen Größen, Wuchs- und Blattformen mit grünen, häufig mehrfarbig gefleckten, gestreiften oder gesprenkelten Blättern.

Blütezeit: Die meisten Arten blühen in Kultur kaum.

Standort: Ganzjährig hell, aber nicht sonnig; luftfeucht und warm; buntblättrige Sorten heller und wärmer als grünblättrige.

Pflege: Frühjahr und Sommer reichlich gießen, Staunässe vermeiden, abwarten, bis die Erde etwas angetrocknet ist; im Winter die Erde nur anfeuchten. Von Frühjahr bis Herbst wöchentlich schwach düngen, im Winter nur einmal monatlich. Bei Bedarf im Frühjahr in nährstoffreiche, gut durchlässige Erde umtopfen. Zu groß gewordene Pflanzen können kräftig zurückgeschnitten werden.

Pflegefehler und Schädlinge: Gelbe Blätter bei zu nassem, Blattfall bei zu dunklem Stand. Zu trockene Luft und Wärme locken Spinnmilben und Schildläuse an.

Weitere Arten: Die Birkenfeige (*F. benjamina*) ist die beliebteste Gummibaum-Art. Neben der grünblättrigen Art sind Sorten mit gelb- und weißbunten Blättern und verschiedenen Wuchsformen

im Handel. Vom altbekannten Gummibaum (*F. elastica*) mit seinem eintriebigen Wuchs und den dicken, dunkelgrünen Blättern gibt es auch Sorten mit rundlichen, rötlichen oder gestreiften Blättern.

 Durch seine Verbreitung als Zimmerpflanze in den 1950-er und 60-er Jahren hat der Gummibaum zu Unrecht ein angestaubtes Image. Denn mit den zahlreichen im Handel erhältlichen Arten und Sorten lässt sich im Wohn-Wintergarten ein attraktives Arrangement zusammenstellen.

Gardenie
[Gardenia jasminoides]

Dieser edle und kostbar wirkende Strauch aus Ostasien ist zwar etwas anspruchsvoll in der Pflege, belohnt dies aber mit wunderschönen, betörend duftenden, wachsartigen, cremeweißen Blüten, die in wunderbarem Kontrast zum dunkelgrün glänzenden Laub stehen.

Blütezeit: Juli bis Oktober

Standort: Ganzjährig hell und luftig, vor praller Sonne schützen, im Winter bei 16–18 °C sehr luftig stellen.

Pflege: Die Gardenie braucht gleichmäßige Pflegebedingungen, da sie empfindlich auf Schwankungen und Unregelmäßigkeiten reagiert. Ganzjährig mäßig feucht halten, nur mit temperiertem, kalkfreiem (!) Wasser gießen, Wurzelballen nicht zu nass halten, aber auch nicht austrocknen lassen; im Knospenstadium täglich besprühen. Von Frühjahr bis Herbst wöchentlich mit kalkfreiem Dünger versorgen. Bei Bedarf im Frühjahr in leicht saure Erde und nicht zu große Gefäße umtopfen. Verkahlende Pflanzen können im Frühjahr kräftig zurückgeschnitten werden.

Pflegefehler und Schädlinge: Bei zu warmem Stand und zu trockener Luft finden sich schnell Schmier- und Schildläuse ein. Staunässe oder Ballentrockenheit führt zu Blattfall. Blattaufhellungen sind Anzeichen für zu hohen Kalkgehalt im Gießwasser.

Weitere Arten: Als Topf- und Kübelpflanze wird nur *G. jasminoides* in Kultur gehalten und ist in vielen Sorten mit einfachen oder gefüllten Blüten erhältlich.

 Gardenien stehen für Duft und Eleganz. Sie sind als Mini-Pflanzen, Sträucher und Hochstämmchen im Handel, sodass sich verschieden hohe Pflanzen zu einer Gruppe arrangieren lassen.

Roseneibisch

[Hibiscus rosa-sinensis]

Der Roseneibisch stammt aus dem tropischen Asien. Die meterhoch werdenden Sträucher mit den glänzend dunkelgrünen Blättern und den großen, trichterförmigen Blüten, aus denen die Staubgefäße weit hervorstehen, sind aber inzwischen in allen tropischen und subtropischen Gebieten der Erde verbreitet und sorgen zur Blütezeit für üppige Farbenpracht von Weiß über Gelb und Orange bis Rot.

Blütezeit: März bis Oktober

Standort: Hell bis sonnig, aber vor praller Sonne schützen; im Winter ist eine Ruhezeit bei 16–20 °C günstig.

Pflege: Von Frühjahr bis Herbst so reichlich gießen, dass das Substrat immer gut feucht ist, aber Staunässe vermeiden; bei kühlerem Stand im Winter entsprechend der Raumtemperatur sparsamer gießen. In der Wachstumsphase wöchentlich, sonst einmal im Monat düngen. Im zeitigen Frühjahr zurückschneiden oder auslichten und in gut durchlässige Erde umtopfen. Jungpflanzen öfter stutzen, um einen buschigen Wuchs zu erzielen. Hochstämmchen unbedingt mit einer stabilen Stütze versehen, damit die Pflanze nicht zur Blütezeit umknickt.

Pflegefehler und Schädlinge: Zu warmer Winterstand führt zu übermäßigem Längenwachstum. Blattfall bei Temperaturen unter 15 °C. Bei zu trockener Luft siedeln sich Blattläuse an.

Weitere Arten: Der Roseneibisch ist in vielen verschiedenfarbigen Sorten mit einfachen und gefüllten Blüten erhältlich. Die Blüten des Geschlitzten Roseneibischs (*H. schizopetalus*) hängen an langen Stielen herab, die roten oder orangefarbenen Blüten sind tief geschlitzt.

 Der Roseneibisch kann als Strauch oder Hochstämmchen gezogen werden. Große Sträucher eignen sich als Solitärpflanzen und Blickfang, kleinere und Hochstämmchen sorgen zur Blütezeit für Farbe. Die Pflanze sollte in einem fernöstlichen, aber auch mediterranen Wintergarten nicht fehlen.

Kreppmyrte
[*Lagerstroemia indica*]

Dieser sommergrüne Strauch oder Baum wird bis zu 3 m hoch. Er stammt aus Südostasien und Australien, wird aber mittlerweile im gesamten Mittelmeerraum als Zierstrauch angebaut und bestimmt von Juli bis Oktober ganze Landstriche mit seiner Blütenpracht. Der glatte, grünbraune Stamm trägt eine Vielzahl vierkantiger Zweige, die mit kleinen, elliptischen, graugrünen Blättern besetzt sind. An den einjährigen Trieben erscheinen die endständigen Blütenrispen.

Blütezeit: Juli bis Oktober

Standort: Von Mai bis Oktober sonnig, warm und luftig; im Winter kühl und auch dunkler.

Pflege: Ab der Knospenbildung immer gut feucht, nicht nass halten; im Winter nur soviel gießen, dass der Ballen nicht austrocknet. Von April bis September alle 14 Tage gut düngen. Im frühen Frühjahr zurückschneiden und in große Gefäße mit nährstoffreicher, durchlässiger Erde umtopfen. Blüten entwickeln sich nur an einjährigen Trieben, daher durch kräftigen Rückschnitt für guten Neuaustrieb sorgen.

Pflegefehler und Schädlinge: Blüten- und Blattfall bei zu trockener Haltung. Zu geringe Luftfeuchtigkeit fördert den Befall mit Weißer Fiege und/oder Spinnmilben.

Weitere Arten: Von den 30 Arten der Kreppmyrte ist nur *L. indica* mit verschiedenfarbigen Sorten in Kultur. Die Blüten bestehen aus einer gerippten oder geflügelten Blütenröhre und wellig-krausen Blütenblättern (Name!).

 Die reich blühende Kübelpflanze kann das ganze Jahr im kühlen Wintergarten stehen. Bei optimaler Pflege entwickeln sich rosa, rote, violette und weiße Blühwunder, die alle Blicke auf sich ziehen und den Wintergarten in ein vielfarbiges Blütenmeer verwandeln.

Chilenischer Jasmin

[Mandevilla laxa]

Die sommergrüne, schnellwüchsige Schling-pflanze kann bis zu 5 m hoch klettern. An ihren dünnen Trieben sitzen frischgrüne, oval-lanzett-liche Blätter, die in eine lange Spitze auslaufen. Im Sommer schmückt sich die Pflanze mit inten-siv duftenden, weißen, gelben oder violetten, bis 20 cm langen Trichterblüten, die in lockeren Trau-ben an den neuen Trieben stehen und sich nach-einander öffnen.

Blütezeit: Juni bis September

Standort: Im Sommer vollsonnig und luftig, aber vor praller Sonne schützen; im Winter eher dunkel und kühl.

Pflege: Zur Wachstumszeit reichlich gießen, Stau-nässe vermeiden; im Winter bei kühlem Stand nur sparsam gießen, Wurzelballen aber nie austrock-nen lassen. Von April bis September wöchentlich düngen. Die Pflanze braucht ein Klettergerüst. Im Winter kräftig zurückschneiden. Im März in gut durchlässige Erde umtopfen und wieder heller und wärmer aufstellen.

Pflegefehler und Schädlinge: Bei zu trockener Luft und schlechter Belüftung siedeln sich rasch Spinnmilben an. Neutriebe werden gerne von Blattläusen befallen.

Weitere Arten: Von den mehr als 100 *Mandevilla*-Arten ist hauptsächlich *M. laxa* mit verschieden-farbigen Sorten in Kultur. *M. sanderi* ist schwach-wüchsiger, hat kleinere Blätter und Blüten, blüht aber ebenfalls reich.

 Mit seinen duftenden Blüten vermittelt der Chilenische Jas-min Urlaubsatmosphäre und kommt in der Nähe eines Sitz-platzes gut zur Geltung. Ältere Pflanzen lassen sich als dichte Sichtwände oder Raumteiler einsetzen.

Eisenholzbaum
[*Metrosideros excelsa*]

Der Eisenholzbaum stammt aus Neuseeland und dient dort wegen seiner um die Weihnachtszeit erscheinenden roten Blüten als Weihnachtsbaum. Den Namen erhielt der aufrecht wachsende oder kletternde, immergrüne Baum oder Strauch aufgrund seines schweren Holzes. Jungpflanzen tragen silbrig behaarte Triebe und Blätter, bei älteren Pflanzen sind die Blätter hart, oberseits dunkelgrün, unterseits filzig behaart. Die kleinen Blüten stehen zu mehreren in großen, endständigen Trugdolden zusammen. Rot gefärbt sind nur die überlangen unzähligen Staubgefäße.

Blütezeit: Frühsommer

Standort: Von Frühjahr bis Herbst sonnig und luftig; im Winter hell und kühl.

Pflege: Von Frühjahr bis Herbst gleichmäßig feucht, im Winter eher trocken halten; den Wurzelballen jedoch nicht ganz austrocknen lassen. Von April bis Oktober wöchentlich düngen. Zu groß gewordene Pflanzen kann man nach der Blüte kräftig zurückschneiden. Bei Bedarf im Frühjahr in gut durchlässiges, kalkfreies Substrat umtopfen.

Pflegefehler und Schädlinge: Bei zu warmer, dunkler Haltung Befall von Schildläusen. Zu hartes, kaltes Wasser kann Blattfall zur Folge haben.

Weitere Arten: In Kultur sind vor allem die kletternden Arten *M. diffusa* mit weißen bis rosa Blüten und *M. perforata* mit reinweißen Blüten.

 Im winterkühlen Wintergarten kann der Eisenholzbaum das ganze Jahr als Solitärpflanze seinen Platz finden. Aus dem Wohn-Wintergarten sollte er den Winter über in ein kühles Winterquartier wechseln. Zur Blütezeit kann er an jedem vollsonnigen Standort stehen.

Myrte

[Myrtus communis]

Der in den Mittelmeerregionen heimische immergrüne Strauch kann bei guter Pflege sehr alt und auch groß werden. Er trägt kleine, eirunde bis lanzettliche, ledrige Blätter, die beim Zerreiben aromatisch duften. Die im Sommer erscheinenden Blüten haben cremeweiße Kronblätter, gelbe Staubfäden und duften zart. Nach der üppigen Blüte folgen erbsengroße, blauschwarze Beeren.

Blütezeit: Juni bis Oktober

Standort: Zur Wachstumszeit vollsonnig und luftig; im Winter hell und kühl (5–10 °C).

Pflege: Von Frühjahr bis Herbst gleichmäßig mit kalkarmem (!), lauwarmem Wasser feucht halten und nie austrocknen lassen; im Winter nur ganz sparsam gießen, Wurzelballen nie austrocknen lassen. Von April bis September wöchentlich schwach düngen. Triebspitzen regelmäßig stutzen. Formschnitt ist möglich, geht aber auf Kosten der Blühfreudigkeit. Im Frühjahr bei Bedarf in gut durchlässige Erde umtopfen.

Pflegefehler und Schädlinge: Bei zu trockenem, zu warmem und schlecht belüftetem Stand oft Befall mit Weißer Fliege, Schild- und Blattläusen.

Staunässe, vor allem bei kühlen Temperaturen, kann Wurzelfäule zur Folge haben.

Weitere Arten: Von der Myrte sind verschiedene Sorten im Handel, die sich durch Wuchskraft und Blütenfülle voneinander unterscheiden.

 Da die Pflanze eine kühle Ruheperiode im Winter braucht, findet sie am besten im winterkühlen, mediterranen Wintergarten ihren Platz. Myrten lassen sich sehr schön mit rot und weiß blühendem Oleander und Bougainvilléen kombinieren.

Oleander

[Nerium oleander]

Aus der Mittelmeerregion sind die großen, in allen Farben blühenden Oleandersträucher nicht mehr wegzudenken. Die 3–6 m hohen Pflanzen tragen dunkelgrüne, ledrige, kurzgestielte, lanzettliche Blätter. Im Sommer entfalten sich zahlreiche weiße, cremefarbene, gelbe, rosa, rote, einfache oder gefüllte Blüten, die in endständigen, vielblütigen Trugdolden zusammenstehen. Achtung: Die Pflanze ist in allen Teilen giftig!

Blütezeit: Juni bis Oktober

Standort: Im Sommer vollsonnig, warm und luftig; im Winter hell, luftig und kühl (4–8 °C).

Pflege: Zur Wachstumszeit reichlich gießen, Pflanze kann im heißen Sommer sogar im wassergefüllten Untersetzer stehen; im Winter nur sparsam gießen, Staunässe vermeiden, Wurzelballen zwischen den Wassergaben gut antrocknen lassen. Von April bis Oktober wöchentlich gut düngen. Jungpflanzen im Frühjahr in gut durchlässige Erde umtopfen und öfter stutzen. Neutriebe im Herbst nicht stutzen, daraus entwickeln sich im folgenden Sommer die Blüten.

Pflegefehler und Schädlinge: Bei dunkler Überwinterung wird das Laub abgeworfen, was den Wuchs und die Blühfreudigkeit beeinträchtigt.

Oleander ist anfällig für Blatt- und Schildläuse und Spinnmilben.

Weitere Arten: Vom Oleander gibt es von Jahr zu Jahr immer mehr neue Zuchtformen.

 Im winterkühlen, mediterran bepflanzten Wintergarten darf der Oleander, eine der ältesten und beliebtesten Blütenpflanzen, natürlich nicht fehlen.

Olive

[Olea europaea]

Die Olive ist ein immergrüner Baum aus dem Mittelmeerraum und gehört zu den langlebigsten Pflanzen überhaupt. Sie ist äußerst beliebt als Kübel- und Wintergartenpflanze. Die Beliebtheit ist berechtigt, denn kaum eine Pflanze ist so robust und pflegeleicht und kommt mit den widrigsten Standorten zurecht. Mit ihrem unterseits grauen, derben Laub und den grünen oder violetten Früchten verkörpert sie die Mittelmeerpflanze schlechthin. Bei veredelten, selbstfruchtbaren Sorten verwandeln sich auch hierzulande die unscheinbaren, gelben, lieblich duftenden Blüten in Früchte.

Blütezeit: Ende April bis Anfang Juni

Standort: Von Frühling bis Herbst vollsonnig und warm; im Winter hell und kühl bis kalt.

Pflege: Im Sommer gleichmäßig feucht halten, erst gießen, wenn die Erde abgetrocknet ist, Staunässe vermeiden, in der Ruhezeit nur wenig gießen. Gelegentlich düngen. Damit sich die Krone reich verzweigt und dicht wird, müssen gerade die Jungpflanzen mehrmals im Jahr gestutzt werden. Bei älteren Exemplaren genügen Korrekturschnitte.

Pflegefehler und Schädlinge: Wurzelfäule, wenn übergossen wird. Bei zu dunklem Stand wirft die Olive die Blätter ab, treibt aber in der Regel im Frühjahr wieder neu aus. Selten Befall mit Woll- und Schildläusen.

Weitere Arten: Es gibt etwa 20 Arten, von denen aber nur *O. europaea* weit verbreitet ist. Daneben wird manchmal in Gartencentern *O. pyramidalis* angeboten, sie stellt die gleichen Ansprüche wie *O. europaea*.

 Die Olive fühlt sich am wohlsten in einem winterkühlen und hellen Wintergarten. Sie ist umso schöner, je älter und knorriger sie wird und darf in einem mediterranen Wintergarten keinesfalls fehlen!

Pandorea
[*Pandorea jasminoides*]

Die Pandorea ist ein immergrüner, langsam wüchsiger Kletterstrauch mit dunkelgrünen, auffällig glänzenden Fiederblättern. Im wunderschönen Kontrast dazu stehen die bis 5 cm großen Trichterblüten in Weiß mit rosa Rand oder in Rosa mit dunklem Schlund.

Blütezeit: Juli bis Oktober, bei optimalen Bedingungen schon ab März

Standort: Ganzjährig und luftig; im Winter etwas kühler (15–18 °C).

Pflege: Zur Wachstumszeit vom Frühjahr bis zum Frühherbst je nach Temperatur reichlich gießen, Staunässe vermeiden, im Winter nur mäßig gießen. Von März bis September wöchentlich schwach düngen. Die Pandorea braucht ein Gerüst, an dem sie hochklettern kann. Für einen schönen Wuchs die Triebe ordnen und am Gerüst festbinden. Zu große oder sparrig gewordene Pflanzen im Herbst kräftig zurückschneiden. Bei Bedarf im Frühjahr in nährstoffreiche, gut durchlässige Erde umtopfen.

Pflegefehler und Schädlinge: An den Neutrieben finden sich gerne Blattläuse ein.

Weitere Arten: *P. pandorana* ist eine starkwüchsige Art mit zunächst bronzefarbenen Fiederblättern. Die Blüten sind gelblich-weiß oder rosa mit pupurnem Schlund.

 Pandoreen bilden einen lang blühenden Sichtschutz mit mediterranem Flair. Sie wachsen am besten ausgepflanzt in einem Beet. Hier können die Triebe gut an vorgespannten Drähten emporwachsen und nach Wunsch geleitet werden.

Passionsblume

[Passiflora coerulea]

Der Name der Pflanze leitet sich von ihren prächtigen Blüten ab, die mit den Attributen des Leidens Christi verglichen werden: Die 3 Narben stellen die Nägel, der rötliche Strahlenkranz die Dornenkrone, der gestielte Fruchtknoten den Kelch, die 5 Staubbeutel die Wunden und die weiße Farbe die Unschuld des Erlösers dar. Passionsblumen sind immergrüne Kletterpflanzen, die in vielen Arten und Sorten im Handel sind.

Blütezeit: Je nach Art Juni bis September

Standort: Im Sommer sonnig und luftig und vor praller Sonneneinstrahlung geschützt; im Winter hell, kühler (nicht unter 15 °C) und luftig.

Pflege: Zur Wachstumszeit reichlich gießen, Staunässe vermeiden, im Winter sparsamer wässern. Zur Wachstums- und Blütezeit einmal wöchentlich düngen. Die langen Triebe rechtzeitig so an den Kletterhilfen befestigen, dass die Blüten frei herabhängen können. Alle 2 Jahre im Frühjahr in gut durchlässige Erde umtopfen. Zu groß gewordene Pflanzen kräftig zurückschneiden.

Pflegefehler und Schädlinge: Bei zu warmem und trockenem Stand Befall von Schild- und Wollläusen sowie Spinnmilben. Gelbe Blätter deuten auf Nährstoffmangel oder Staunässe hin.

Weitere Arten: *P. edulis* trägt weiß-purpurne, *P. violacea* violette, *P. incarnata* blassrosa Blüten. *P. trisfasciata* und *P. organensis* tragen buntes Laub.

 Passionsblumen eignen sich zum Begrünen von Wänden und als Raumteiler. Damit die außergewöhnlichen Blüten auch gut zur Geltung kommen, sollten sie nicht von anderen großwüchsigen Kübelpflanzen verdeckt werden.

Dattelpalme
[Phoenix]

Dattelpalmen sind in mehreren Arten in Südasien, Afrika und auf den Kanarischen Inseln heimisch. Die sehr langlebigen Fiederpalmen wachsen einzeln oder vielstämmig und bilden eine dichte Krone aus zahlreichen kurzgestielten Fiederblättern. Der Stamm hat bei den meisten Arten eine raue Oberfläche, die unteren Blätter sind zu spitzen Dornen umgewandelt. Die Blütenstände sind gelb bis cremefarben, erscheinen aber meist erst bei älteren Exemplaren.

Blütezeit: August bis September

Standort: Von März bis November vollsonnig, luftig und warm; im Winter hell und kühl.

Pflege: Zur Wachstumszeit reichlich gießen, im Sommer ab und zu mit lauwarmem, kalkfreiem (!) Wasser besprühen, im Winter nur soviel gießen, dass der Wurzelballen nicht völlig austrocknet. Von März bis Oktober alle 14 Tage düngen. Verdorrte Wedel herausschneiden. Wenn die Wurzeln den Topf ausfüllen, in gut durchlässige, nährstoffreiche Erde und hohe Gefäße umtopfen. Zu groß gewordene Wurzelballen können vorsichtig seitlich und unten beschnitten werden.

Pflegefehler und Schädlinge: Staunässe bei zu kaltem Stand führt zu Wurzelfäule. Bei zu warmer Überwinterung treten Schildläuse und Spinnmilben auf.

Weitere Arten: Die Kanarische Dattelpalme (*P. canariensis*) ist die pflegeleichteste Dattelpalme, sie wächst einstämmig und trägt sehr große Fiederblätter. Die Echte Dattelpalme (*P. dactylifera*) wächst sehr gut und kann auch im Wintergarten groß werden.

 Dattelpalmen bringen tropische Stimmung in den Wintergarten. Sie wirken in Solitärstellung am besten, brauchen aber mit den Jahren zunehmend mehr Platz. Vorsicht ist geboten vor den derben steifen Wedeln der Kanarischen Dattelpalme.

Bambus
[Phyllostachys]

Von den weltweit über 1000 Bambus-Arten und -Sorten sind viele aus den europäischen Pflanzensortimenten nicht mehr wegzudenken. Im Wintergarten fühlen sich die asiatischen Riesengräser wohl, weil sie hier vor Wind, der sie im Freien leicht austrocknen lässt, geschützt sind. Die strauchig wachsenden Pflanzen haben einen kriechenden, ausläufertreibenden Wurzelstock, aus dem grüne, gestreifte oder gefleckte Halme mit büschelig oder quirlig angeordneten Zweigen hervorwachsen.

Blütezeit: Blüht in Kultur kaum.

Standort: Ganzjährig sonnig, warm und luftig.

Pflege: Vor allem im Sommer mit lauwarmem, kalkarmem Wasser reichlich gießen, jedoch Staunässe vermeiden. Von März bis September alle 3 Wochen düngen. Da es sich um eine ausläufertreibende Pflanze handelt, muss das Pflanzgefäß sehr groß, mindestens 3–4 mal so groß wie der Wurzelballen sein. Im Frühjahr in gut durchlässige Erde umtopfen, dabei ältere Halme auslichten.

Pflegefehler und Schädlinge: Durch nasse, kalte Füße oder Nährstoffmangel werden die Blätter gelb.

Weitere Arten: Die Halme des Goldrohrbambus (*P. aurea*) färben sich mit zunehmendem Alter von Grün nach Gelborange oder Strohgelb um. Der Schwarzrohrbambus (*P. nigra*) wird bis zu 2 m hoch, seine Halme sind schwarz-purpurn gefärbt und stehen in schönem Kontrast zum lichten Grün der Blätter.

 Bambuspflanzen vermitteln asiatisches Flair und können in kurzer Zeit große Pflanzgefäße und leere Ecken ausfüllen. Schöne, zum asiatischen Stil passende Begleitpflanzen sind rotblühende Azaleen.

Klebsame
[Pittosporum]

Ihren deutschen Namen bekam die aus Asien und Afrika stammende Pflanze aufgrund der klebrigen Masse, in der ihre Samen eingebettet sind. Die immergrünen und anspruchslosen Sträucher werden vor allem ihrer hübschen, oberseits stark glänzenden Blätter als Kübelpflanzen kultiviert. Manche Arten bringen auch in Kultur weiße, gelbliche oder rote, duftende Blüten hervor.

Blütezeit: Je nach Art März bis Mai

Standort: Ganzjährig sonnig bis hell und luftig, vor praller Sonne schützen; im Winter kühl bei 5–10 °C.

Pflege: Bei sonnigem Stand reichlich gießen, sonst mäßig feucht halten, bei kühlem Winterstand nur soviel gießen, dass der Wurzelballen nicht austrocknet. Von März bis September wöchentlich düngen. Jungpflanzen öfter stutzen, damit ein buschiger Wuchs erreicht wird. Zu dicht gewordene Sträucher können im Frühjahr zurückgeschnitten und ausgelichtet werden. Im Frühjahr in gut durchlässige Erde umtopfen.

Pflegefehler und Schädlinge: Bei zu trockener Luft treten Woll- und Schildläuse auf. Neutriebe öfter auf Blattlausbefall untersuchen.

Weitere Arten: P. tobira wird am häufigsten in Kultur gehalten. Der dicht verzweigte Strauch bringt cremeweiße, nach Zitronen duftende Blüten hervor. P. bicolor ist ein kleiner Baum, dessen junge Triebe filzig behaart sind. Die Blätter sind oberseits dunkelgrün, unterseits zunächst weiß-, dann braunfilzig. Die Pflanze bringt braunrote, duftende Blüten hervor.

 Der Klebsame kann als dominierende Solitärpflanze im winterkühlen Wintergarten eingesetzt werden. Zu der attraktiven Blattpflanze passen Blütenpflanzen mit großen, auffälligen Blüten, die einen starken Kontrast bilden.

Frangipani

[Plumeria]

Die Frangipangi kommt in 7 Arten in Westindien, Mittelamerika und dem nördlichen Südamerika vor und zählt zu den am schönsten blühenden und duftenden Tropenpflanzen. Der kleine Baum trägt dicke, fleischige Zweige und regelmäßig gegabelte Äste. Die derben, langgestielten, dunkelgrünen Blätter sitzen schopfartig am Triebende. Vor der Blüte wirft der Baum alle Blätter ab. Die wachsartigen, weißen Blüten sitzen in endständigen Trugdolden und verbreiten – vor allem in den Morgen- und Abendstunden – einen intensiven Duft. Achtung: Die Pflanze ist in allen Teilen giftig.

Blütezeit: Frühsommer

Standort: Ganzjährig vollsonnig und luftig; auch im Winter nicht unter 15 °C.

Pflege: Im Sommer gleichmäßig feucht, nicht nass halten, Erde vor dem nächsten Gießen antrocknen lassen. Zur Ruhezeit von November bis Mai nur hin und wieder gießen, Wurzelballen aber nicht austrocknen lassen. Von April bis September wöchentlich düngen. Zur Wachstumszeit öfter mit lauwarmem, kalkfreiem Wasser besprühen, um für die notwendige Luftfeuchtigkeit zu sorgen. Vor der Blüte in gut durchlässige Erde umtopfen.

Pflegefehler und Schädlinge: Bei zu trockener Luft und schlechter Belüftung Befall von Spinn- milben und Wollläusen. Zu viel Gießen im Winter kann zu Wurzel- und Stammfäule führen.

Weitere Arten: Die gelb-weiße Varietät *P. rubra* var. *acutifolia* ist bei uns am häufigsten im Handel.

 Die Frangipangi sollte zur Blütezeit unbedingt einen exponierten Platz erhalten, an dem der wunderbare Kontrast zwischen den dunkelgrünen Blättern und den weißen oder roten Blüten von allen Seiten zu sehen ist.

Zimmerlinde

[*Sparmannia africana*]

Die Zimmerlinde ist ein immergrüner, reich verzweigter, breit ausladender Strauch mit großen, hellgrünen Blättern, der schon in früheren Zeiten eine beliebte Zimmer- und Wintergartenpflanze war. Sie wurde jedoch im Laufe der Zeit durch viele tropische und exotische Arten verdrängt. Heute kommt die raschwüchsige Pflanze wieder zu neuen Ehren. In den Wintermonaten schmücken sich ältere Exemplare mit langgestielten, vielblütigen Blütendolden. Die gelb-roten Staubfäden in den Einzelblüten stehen im schönen Kontrast zu den weißen Kronblättern.

Blütezeit: Ältere Pflanzen blühen vom Winter bis ins Frühjahr hinein.

Standort: Hell bis sonnig, mäßig warm und luftig; vor allem im Sommer vor praller Sonne schützen; im Winter nicht wärmer als 15 °C. Zugluft vermeiden.

Pflege: Im Sommer bei warmem Stand reichlich, im Winter bei kühlerem Stand nur mäßig gießen; Staunässe vermeiden. Von März bis Oktober wöchentlich düngen. Bei Bedarf im Frühjahr nach einem Rückschnitt in gut durchlässige, nährstoffreiche Erde umtopfen. Die Pflanze wurzelt stark und sollte deshalb in einem großen Gefäß untergebracht werden. Da sie viel Blattwerk entwickelt, muss für Standfestigkeit gesorgt werden.

Pflegefehler und Schädlinge: Gelbe Blätter und lange Triebe weisen auf Nährstoff- und Lichtmangel hin. Bei schlechter Belüftung und zu trockenem Stand Befall mit Weißer Fliege und Spinnmilben.

Weitere Arten: Von der Zimmerlinde sind 7 Arten aus dem südlichen Afrika bekannt. *S. palmata* trägt kleinere, tief gelappte, hellgrüne Blätter. Die Sorte 'Plena' fällt durch gefüllte Blüten auf.

 Die Zimmerlinde ist eine herrliche, lichte Blattpflanze, die viel Platz braucht. Bei regelmäßigem Schnitt entwickeln sich bis 2 m hohe Sträucher, die den grünen Rahmen im Hintergrund des Wintergartens bilden.

Hanfpalme
[Trachycarpus fortunei]

Die Hanfpalme gehört zu den großblättrigen Fächerpalmen. Sie wird bis 3 m hoch, wächst langsam und einstämmig. Dichte braune Fasern umhüllen den Stamm und die Blattstielansätze. Die mattgrünen Wedel sind tief vielstrahlig und sitzen an feingezähnten Blattstielen. Sie stehen zunächst fast waagerecht ab, hängen aber mit zunehmender Größe immer mehr durch.

Blütezeit: Blüht in Kultur nicht.

Standort: Ganzjährig sonnig bis halbschattig und luftig, im Frühjahr und Sommer vor praller Sonne schützen. Im Winter kühler (ca. 10 °C), je heller der Standort, desto wärmer kann die Palme stehen.

Pflege: Zur Wachstumszeit von Frühjahr bis Herbst bei warmem Stand reichlich gießen, die Wedel öfter mit lauwarmem, kalkfreiem (!) Wasser besprühen. Im Winter den Licht- und Temperaturverhältnissen angepasst weniger gießen, Staunässe und Ballentrockenheit vermeiden. Von Mai bis September alle 14 Tage düngen. Bei Bedarf im Frühjahr in gut durchlässige, nährstoffreiche Erde umtopfen.

Pflegefehler und Schädlinge: Zu viel Gießen bei kühlem Stand führt zu Wurzelfäule. Bei schlechter Belüftung und zu trockenem Stand Befall von Spinnmilben und Schildläusen.

Weitere Arten: In Ostasien kommen 6 Arten vor. *T. nana* aus China ist eine kleinwüchsige, stammlose Art.

 Die Hanfpalme ist eine ausgesprochen pflegeleichte Pflanze, die selbst grobe Fehler von Einsteigern nicht verübelt. Sie macht sich in gemischten Pflanzungen ebenso gut wie als Solitär.

Arten- und Sachregister

Impressum

ISBN 978-3-572-08175-2
1. Auflage

© 2015 by Bassermann Verlag,
einem Unternehmen der Verlagsgruppe Random House GmbH, 81673 München

Layout: Jo Herrmann Design, Bad Waldsee
Redaktion und Bildredaktion: Verlagsbüro Kopp, München
Umschlaggestaltung: Atelier Versen, Bad Aibling
Projektleitung: Herta Winkler
Herstellung: Sonja Storz

Fotos: Flora Press: 8/9, 10, 13, 15, 19, 35, 46; ENDL Wintergarten: 48; Jechnerer GmbH: 11, 12 (u.), 33, 37, 38; Steinmetz: 41 (r.o.), 73, 85; Strauß: U1, 2, 6, 16/17, 20, 21, 25, 26, 27, 30/31, 32, 34, 39, 43, 44, 49, 57, 60, 61, 64, 68, 70, 71, 74, 77, 78, 80, 81, 82, 86, 91, 92; alle übrigen Steinberger

Druck & Bindung: Neografia, Martin
Printed in Slovakia

Verlagsgruppe Random House FSC®N001967
Das für dieses Buch verwendete FSC®-zertifizierte Papier *Profimatt* liefert Sappi, Ehingen.